# 中学
# 决定一生

王文良 ／著

团结出版社

图书在版编目（CIP）数据

中学决定一生 / 王文良著. -- 北京 ： 团结出版社，
2016.1
ISBN 978-7-5126-2611-9

Ⅰ. ①中… Ⅱ. ①王… Ⅲ. ①品德教育－中国－青少年读物 Ⅳ. ①D432.62

中国版本图书馆 CIP 数据核字(2015)第 300216 号

出　　版：团结出版社
　　　　　（北京市东城区东皇城根南街 84 号　邮编：100006）
电　　话：（010）65228880　65244790　（出版社）
　　　　　（010）65238766　85113874　65133603（发行部）
　　　　　（010）65133603（邮购）
网　　址：http://www.tjpress.com
E-mail：zb65244790@vip.163.com
　　　　　fx65133603@163.com（发行部邮购）
经　　销：全国新华书店
印　　装：三河腾飞印务有限公司

开　　本：145mm×210mm　　　1/32
印　　张：6.375
字　　数：180 千字
印　　数：5045
版　　次：2016 年 1 月　第 1 版
印　　次：2016 年 1 月　第 1 次印刷

书　　号：978-7-5126-2611-9
定　　价：29.80 元

**在清华大学名家论坛上发表主题演讲**

**在日本东京松下电器总部授课**

王文良是中日连锁商超

2007精益管理亚洲高峰论坛

第一主讲教授

在亚太营销论坛上发表主题演讲

在中国 2006 赢在前沿论坛上演讲

# 目录

## 第一篇：中学生成功学

中学生的成功学，是分众成功学中的基础部分。其主旨是让青少年学会如何在中学这个世界观、人生观初步建立的阶段构建健康的心智、获得学业的成功、培养获益的爱好。

## 第二篇：我的中学时代

　　从小学被开除到北大三好生，我只用了六年时间。当走入中学课堂的时候，我是全班最差的；当高中毕业的时候，我已经是全班、全校、全市最优秀的学生，并以优异的成绩考入北大。我是如何做到的呢？本篇带你走入那个令人荡气回肠、心潮起伏的中学时代。

　　中学六年的过程，是一个剥离的过程，是将幼稚剥离，诞生出成熟的过程。"九层之台，起于垒土；千里之行，始于足下。"良好的开端是成功的一半，中学阶段要学会接受自己的自卑与不完美，激发改变自己的热情……

第三篇：中学日记摘录

# 第一篇 中学生成功学

中学生的成功学，是分众成功学中的基础的部分。其主旨是让青少年学会如何在中学这个世界观、人生观初步建立的阶段构建健康的心智、获得学业的成功、培养获益的爱好。

中学决定一生

# 一、没有理想倒霉一生立志开始于中学时代

我们上幼儿园和小学的时候，由于年龄太小，对人生和未来理解得太少，因此，不可能从幼儿园和小学开始立志。人的一生表面看来很长，机会很多。其实，不是这样。人的命运在中学时代大致已经形成，后期很难再改变多少，尤其是不能从本质上改变多少。

中学阶段要立两个志：一个是短期的，我要考上一所什么样的大学？另一个是长期的，我将来要成为什么样的人物？

我上高一的时候立志要考清华大学，后来上文科后改考北京大学。由于自己立了这个志，心情马上就不同了。每天都处在亢奋状态，再苦再累也不觉得，每天有无限的力量。虽然也会经常有一些小的问题，但是很快就能够自我纠正。同时，由于自己立志比较高，学习的动力也很强。为了能在严寒的冬天学习，我会一个人在教室里学习一整天。要知道那是寒假，没有暖气，气温零下20多度。我穿两层棉衣，里面是普通人穿的厚棉袄，外面再套上更厚的军大衣。下身穿两层非常厚的棉裤。头戴大棉帽，脚穿两层厚棉鞋（里面厚毡袜，外面军用大头鞋）。在这样艰苦的条件下我为什么不觉得苦呢？因为我一想到将来考上北大，我们邻居的老头、老太太们坐在水沟边，指着我说：

"这就是老王家小二，真有出息考上北大了！"

"谁敢想呢，小二能考上北大，这辈子就有大出息了！"

"我做梦都不敢想，咱们这胡同能出这么大的人物！"

然后我从他们的身边走过，他们投过赞许、夸奖的目光，

我的心就像吃了蜜一样甜，哪还会有苦呢？人的心有多大，成就就会有多大。

由于自己有了目标，学习的竞争目标也不同了。我会经常留意省重点中学同学的成绩，拿来参考。同时，也不会过分在意平时小考的成绩好坏，而是将目标直接锁定在高考的大目标上。

我中学时立的第二个志是长远的志向：将来自己要当国家总理。

这个目标是我父亲长期教育的结果。我父亲常教育我，人这一辈子，只有干一番惊天动地的大事，才没有白活。他最赞扬邓小平的雄才大略，也潜移默化地给我树立了榜样。同时，我自己身边永远不离的一本书是《毛泽东的青少年时代和早期革命活动》。我越看越激动，越看越觉得自己也能够这样成为国家最高领导人。我后来上了北大，一切就是要本着国家总理来培养自己。在北大的五年里，我看了一万多本书。其中，世界领袖的传记差不多都看了。包括：美国的四十多任总统；法国历届总统；英国历届首相；日本历届首相；中国各朝主要皇帝和有成就的将相以及成吉思汗、恺撒、居鲁士、亚历山大帝、希特勒、拿破仑、屋大维等人物传记。后来，工作后发现自己更适合经商，于是，调整人生目标。在经商的岁月中，自己一定要做得最好。于是，在十余年中，我先后担任了七家著名跨国集团的科长、处长、经理、总监、总经理、总顾问、总指挥等职务。后来，发现自己更适合学术发明、创造。于是，又回到北大、清华、人民大学、上海交大、浙江大学、中山大学、吉林大学、华中科大等中国最好的八所大学担任大师级教授，创造了亚洲销售学体系，出版了《老板如何管销售》、《王文良销售学全书》、《代理通路》、《终端通路》、《销售经理的职业化》、《老总如何管销售》、《老总如何管市场》、《大区管理》、《大客户销售技巧》、《经销商的精细化管理》、《终端的生动化管理》等专业课和专业光盘。在中国 118 家电视台举行个人学术讲座。策划了 2007 亚洲营销（香港）高峰论坛。同时，创立亚洲分众成功学。包括：《中学生成功学》、《大学生成功学》、《青年成功学》、《中年成功学》、《老年成功学》。使人的一生都有成功学可以借鉴学习。中学生可以既考上名牌大学，又心情愉快；大学生既能解决前途问题，又能解决个人问题；青年人可以少走弯路；中年富豪可以不必成为金钱的努力，中年职业经理人可以提高自己的幸福指数；老年人可以少得老年痴呆，精神和健康并行。

　　我五次走遍中国，两次走遍亚洲，两次非洲之行，零星欧洲之行等行为，就是为我开阔视野继续奋进打基础。如果没有远大目标，考上北大，在机关里混日子可能就不错了，绝对不会有这么大的成就。其实，不仅我是这样的，凡是终生有大作为的人物都是这样的。基础都在中学时代打下的理想基础。而那些没理想、没追求的人，一生穷困潦倒，终日为吃饱饭而奔波。我们看一看穷人最缺什么？

　　法国一位大企业家，在他临终的时候，委托他的律师在报纸上登出了一则启示：

　　"穷人最缺什么？"

　　谁能够回答对了这个问题，他将奖励一百万法郎。消息一经刊出，全国各地的读者纷纷寄来各种各样的答案。

　　有的说："穷人最缺钱。"

　　也有的说："穷人最缺机会。"

　　还有的人说："穷人最缺文化知识。"

这些回答都有一定的道理，但是，都不是成功的第一要素，也不是这位企业家的标准答案。那么，这位企业家的标准答案是什么呢？一位9岁的小女孩的答案符合这位企业家的标准。

她说"穷人最缺野心。"

对了，这就是一个人成功的第一要素。

一个人可以没有文化，但是，只要你有野心，你就会去学习；一个人可以没有金钱，但是，只要你有野心，你就会去赚钱；一个人也可以没有机会，但是，只要你有野心，你就会去创造机会。

香港曾经推出一部电影，名字叫《嫁个有钱人》。影片的主要情节是一个山村的小女孩，主要从事骑自行车送煤气的工作。她每天要骑着自行车，驮着重重的煤气罐穿梭于山岭之间，工作十分辛苦。她渴望能够改变这种生活，但是苦于没有办法。

有一天，她去算命，看一看她的命运到底怎样。由于她穿着一身破旧的衣服，浑身上下充满着一种寒酸的气息，算命的人乘机要骗她的钱，于是，算命的人开始用花言巧语来骗她。其中一句最关键的话就是"你将来能够嫁个有钱人。"

这个小女孩其它的话都没记住，只记住了这句话。于是，小女孩每天都充满希望地开始新的生活。她首先开始改变自己的气质，每天照着镜子练习微笑，改变自己的发型，改变自己的衣着。紧接着她开始寻找有钱人都在哪里，并设法接近有钱人。

由于她有了嫁个有钱人的野心，于是，世界真的开始发生变化。由于她既有千金小姐的风度，又有穷人家孩子的淳朴、善良，她真的成了有钱人争相迎娶的对象，同时自己也有了更大的选择权。不仅要嫁个有钱人，而且要嫁个年轻英俊的有钱人。

这个故事给了我们一个重大的启示：只要你想做，就一定能够做成。在一定的范围内，不怕你做不到，就怕你想不到。现代社会，失败者更多的不是失败在做不到，而是失败在想都不敢想上面。

## 野心可以使你奋勇拼搏

拿破仑曾说过一句家喻户晓的名言"不想当将军的士兵就不是好士兵"，任何人如果没有野心，他就只能在一个黑暗的井里遥望一孔之天，只有有野心的人才能够跳出一井之围。当你有了野心之后，你就会为实现你的理想而奋勇拼搏。

人天生就是好逸恶劳的，这是亘古不变的真理。但是，如果你有了野心，情况就完全不同。当大家整天沉浸在麻将桌上的时候，你可能正在图书馆或者在电脑旁辛勤耕耘。我有一个老部下，原来非常懒散，整日好吃懒做。后来，我劝他读 MBA 做高级职业经理人。我替他定的目标是，40 岁做到中型公司的总经理职位。他听从了我的建议，从此，整日学习、工作，38 岁就当上了一家 2000 人的公司的总经理。现在，他每次遇到我的时候都说："王老师，如果当初没有你给我的建议，我不会有今天。"

## 野心可以使你的智力超常发挥

赵关强是一名高中毕业生，原来在北京开出租车，而且是最低档的小面包车。每天早出晚归，收入甚微。但是他从不气馁，一心要做大企业家。于是，当他的生存问题得到了解决后，他毅然辞去了出租车司机的工作，来到了一家合资写字楼当保安。我们都知道，北京人很少去当保安的，但是，赵关强放下北京人的脸面，开始了保安生活。当他的保安工作做得最出色的时候，按照一般人的想法，他会得到加薪的奖励，可是，加薪能够加多少呢？如果没有野心的人，就会沾沾自喜。而此时的赵关强又做除了一个大胆的举动，他再一次辞去了这份工作，自己承包了一家写字楼，开始自己当老板。而他的大部分中学同学，包括考上大学的那些人，正面临着失业的危险。可是，只有高中文化的赵关强却一步成为老板，开始自己辉煌的事业。

由于他一直有巨大的野心，他不断地学习新知识。他第一批买了笔记本电脑。同时，不管广州还是香港或者日本，只要有各种高科技研讨会或者高科技展览会，他都要参加。后来，他又到清华大学就读 MBA，又读了美国某大学的工商管理博士。

现在，赵关强又包下了两个写字楼，同时创办了一家国际咨询公司、一家文化传播公司、一家广告公司、一家科技发展公司，建立了自己的集团公司。

其实，在同样的时间里，每个人都在浪费着时间。有的人有野心，他就会为实现自己的野心而补习自己不会的东西；而没有野心的人不仅自己的潜能发挥不出来，普通的知识也学不到位，造成时间的极大浪费。

## 拿破仑就是中学决定一生的铁证

我们都知道拿破仑是一个非常有野心的人，正是靠着这个野心，他才克服了常人无法克服的困难，发挥了巨大的才能，成就了辉煌的事业。

拿破仑生在法国殖民地科西嘉岛，从小就受法国人的欺侮。在拿破仑读中学军校的时候，法国人欺负拿破仑说：

"如果你们的人是科西嘉人 4 倍的话，你们就输定了。可是，你们是我们的 10 倍，科西嘉人以一当十，被打败又有什么呢？"

正是这种不屈不挠的精神，使拿破仑奋发读书，刻苦学习军事。他把军事学得出神入化，直接决定了他一生的成败。拿破仑就是靠有远大志向而成功的。他刚工作没有晋升的机会，他就主动寻找机会。土伦战役本来跟他没关系，如果他没有远大思想，他就不会主动去找革命政府负责人自我推荐。他说：

"若由我来担任攻击土伦港的炮兵指挥官，我敢发誓一定攻克它。"结果，拿破仑真的取得了土伦战役的胜利，一步到位获得了少将军衔，成为了将军，此时，拿破仑只有 24 岁。我们想一想，如果拿破仑没有野心，没有主动精神，按部就班地一点一点地因循守旧，恐怕 40 岁，也不一定能当上将军。

后来，随着危机的消失，大家又把他忘了。

拿破仑的野心又一次救了他。当波旁王朝复辟的时候，拿破仑又一次自告奋勇，向国民公会主席巴拉斯自我推荐，结果，被任命为巴黎保卫战的总指挥，用他自己的军事才能打败了保皇党军队，保卫了巴黎，成为了人民的英雄。

再后来，拿破仑又自我推荐意大利方面军总司令，当时他只有 27 岁。而要获得这一职位，没有几十年的拼命努力加机会是不可能的。拿破仑又提前了 20 年达到了这个职位。这一切都是他自己用巨大的野心和军事真功夫夺来的。

再后来，拿破仑发动政变，夺得了第一执政的职位。

最后，拿破仑自己争取到了皇帝的职位。

我们可以看出，没有任何一个人会平白给你机会，只有靠自己的争取才能获得机会。没有野心的人，一生永远也不会有机会。而有野心的人，会创造机会，获得成功。成功将永远属于有野心的人。

由于在中国野心是贬义词，所以，我们将它改为进取心或有远大理想。

## 二、先苦苦一时后苦苦一生

很多中学生不愿意吃苦，认为年轻时不应该吃那么多的苦。那么，我会非常负责人地告诉你：人生就是先苦苦一时，后苦苦一生。有一次我去发廊剪头，剪之前要先洗头。给我洗头的是一位 20 岁左右的小女孩。我问她：

"你每天几点上班？"

"上午 9 点。"她回答。

我又问：

"几点下班呢？"

她看了看我说：

"差不多晚上 10 多吧！"

我明显地看出她很无奈。我又问：

"你们有双休日么？"

"哪有那么多好事啊！"她撇一撇嘴。

"到底有还是没有哇？"我又追了一句。

"还双休日呢？我们一个月才休息一天。"

我沉默了一会儿，因为我实在不知道该说什么。不过，最后我还是忍不住又问了几个问题。

"那么你每天累不累呢？"

"您说呢？"她反问了一句。

我不用再问了，答案已经在这句话里面了。

我知道她已经很不耐烦了，不过，我还是想说最后一句话：

"那你为什么当初不好好学习呢？"

"那时侯贪玩，就是学不进去。"

她并没有特别反感这句话。我就又说了句可能令她不高兴的话：

"如果你当初好好学习，将来一辈子坐在宽敞明亮的办公室里，喝着咖啡，看着报，风不吹，日不晒的，该多好啊！"

"这辈子是没希望了，下辈子吧！"她苦笑一下。

我觉得很沉重，就没有再说话。但是，我的心里有很多话要说。她现在 20 多岁，年轻貌美还可以洗头。将来年龄大了，连洗头的工作都找不到。将来再有孩子，孩子要上学，她本人又要交养老保险，又要交房租，日子怎么过呀！中年失业，上有老、下有小都是可以想像的。

与这个小女孩相反，年轻时努力的同学，到了 30 多岁，都取得了很大的成绩。基本生活已经不是问题了。我 24 岁到北京市政府工作，在外事工作中吃国宴，坐奔驰（外事用车）。后来到了外企，27 岁当上销售科长，工资比公务员高 10 倍，坐在 4 星级宾馆办公。夏天有空调，冬天有暖风。由于当上了科长，不用每天辛苦地满街跑了，收入却很好。难道这不是我中学时代努力，大学时代苦读，工作之初拼搏得来的么？

我们中学同学学习加工作能力的总和排行榜是什么样，20

年以后在社会上成功几乎就是按这个排行榜来的。当时，我排行第一，好坏不说了，总之不错。排行第二的考上了中国政法大学，丈夫也是黑龙江人。这位同学学习好，工作能力同时非常出色。毕业以后分配到中华人民共和国外交部工作，在很多人眼里，在中央部委工作，那已经是人间的天堂了。可是，我的这位同学却有更好的发展机会。她辞职了，这让很多人大吃一惊。她自己复习考上了美国著名的大学继续学习法律，回国后，到外资律师事务所工作，专做跨国集团的法律工作，年薪早就过百万。又赶上当时房价便宜，买了很多房子，现在每套房子都值几百万，生活可谓无忧无虑。她的丈夫学习也好，工作能力也强，现在中央某部委担任高级官员，夫妻双方都是靠年轻时努力，终生享受荣华富贵。

我们班学习排第三的人，也考入中国政法大学。在中国政法大学期间，担任学生会主席。毕业后分配到中央某部担任高级官员，由于本人有才能，个人进步很快，实现了个人自我价值。排行第四、第五的同学也在北京，长期在企业担任高级管理人员。年薪从 20 万到 30 万，再到 40 万，稳步攀升。现在他们都是北京最富裕阶层的人，早已越过了为生存而奔波的阶段。在北京这样高消费的城市，取得了终生衣食无忧的地位，与他们年轻时的拼搏密切相关。

我们班有一位同学，当初学习很差，高考时只考了一个中专。高考分数比我少 200 多分。我们都知道，在高考中少 200 多分，就会差出一万多人。但是，这位同学的工作能力却是十分突出，尤其是待人接物方面，十分突出。他在哈尔滨某中专学习，工作特别突出，很早就入党，并担任学校学生会主席。后来，毕业分配到北京中华人民共和国电力部。到了北京后，他一方面努力工作，一方面又读大专、大学本科。后来，被单位分配到香港工作，成绩十分突出。他就属于那种工作能力强，后来又努力学习补上文化课的人，依然属于十分令人敬佩的人。

而当初学习比较差的或工作比较差的同学，有一些人现在还在为生存而奔波，生活得并不理想。

在现实生活中，这样的例子非常多。我们都知道齐白石老先生，晚年十分辉煌，要名有名，要利有利，更重要的是获得全中国人的尊重。但是，他的早年却是非常痛苦的。两岁的时候得大病，家里没钱，费了九牛二虎的力量，才治好病。后来到了上学的年龄，家里没钱只好跟爷爷学一些简单的字。后来，好容易才上了私学。但是，终因家里没钱，九岁就开始上山砍柴，挑水，种菜，扫地，打杂，带两个弟弟。后来，又开始放牛。生活十分艰苦，更别谈什么上学了。后来他开始学木匠活，吃尽了苦头，受尽了白眼。再后来又学做雕刻，同时开始学习画画，最后，成为中国画的最高水平的人。没有小时候的吃苦，没有小时候对生活的详细观察，就没有后来的辉煌。最后，齐白石老先生活到95岁，享受到了人生最高荣誉。

# 三、人生是一条单行线什么时期做什么事

人生就是一条单行线，就像大河永远向东流一样，决不回头。在什么时期，做什么事。2005 年，北京西二环的房子只卖4380 元每平方米，我让所有我熟悉的人买，但是，所有的人都没买。等到了 2007 年，房价涨到 10000 元每平方米。我又劝身边的人买房子，大家又觉得贵，他们认为等房价降到 5000 元每平方米时再买。但是，他们错了。人生是一条单行线，只往前走，不会回头了。到了 2009 年，北京西二环的房价已经涨到了30000 元每平方米以上。那些我让他们买房子，而没有买的人肠子都悔青了，但是，没有用了，4000 元每平方米的时代，今生今世不会再有了。这就是人生，这就是为什么穷人越来越穷的根本原因。

后来，2009 年时我劝清华、北大的班主任们买汽车，但是，大家觉得以后再说。到了 2010 年后北京买车开始摇号，我劝大家赶紧去摇号，因为开始的时候参加的人少，很容易摇上。但是，大家还是不听。我自己就又摇了一个号，又买了一辆车。现在，参加摇号的人已经 150 万以上，再想摇个号太难了。就这两个小事儿，我们就可以看出来，视野开阔，观念超前有多重要。人生是一条单行线，只有一次选择的机会，错过就再也没有了。人不能两次踏进同一条河流。

总之，人生是一条单行线，不同的时期就要干不同的事情。中学阶段就要学习。学什么？学未来人生所需的一切知识、能力。上天对人类最好。当我们年轻的时候，我们不需要去赚钱去养家糊口。我们读中学的时候，大部分家庭不需要你去为家庭操劳。那么，我们就该珍惜这个时间，慢慢地，有条不紊

地学习数学、物理、化学、英语、生物、哲学、历史、地理，同时，学习自己最喜欢的课外文学、音乐、画画、舞蹈。很多家长自己没有太成功，就把自己的全部希望寄托在孩子身上，给孩子太多的压力，让孩子的快乐变成了反感。原本人生最美好的中学时代，却变成了人间的地狱。孩子非但没学好，心理上也出现了阴影，这是绝对不应该的。例如，我的邻居盼子成龙，每天让孩子弹四个小时的钢琴。孩子原来对钢琴还有一些兴趣，现在只要一提钢琴，孩子就要吐，不要说做个钢琴家，就是普通的个人兴趣都很难了。孩子这辈子都会反感钢琴的。相反，如果每周只学一个小时钢琴，然后，在自己高兴的时候，进行复习。如此学习20年，那么，到了30多岁的时候，你的钢琴水平就会很高，为什么一定把孩子撑死呢？

纵观人的一生，中学阶段是人生所有的事情的打基础阶段，所以我说，中学决定一生。其实，中学要学的东西表面看很多，其实，也没有那么多。知识和能力方面，就是在学校跟住老师，干三件事：

学习功课，争取学得好一些，最好能够考上名牌大学。国内的大学包括：北大、清华、中国人民大学、吉林大学、南开大学、复旦大学、上海交大、浙江大学、中山大学等一本的大学。国外的大学包括：哈佛大学、斯坦弗大学、剑桥大学、牛津大学和一些国家的地方大学等。这是第一件事。

第二件事是：工作。

有可能的话尽量担任班级干部，这样对于锻练个人的工作能力非常有好处。如果不能当班干部，那么，要有意识地培养自己的工作能力，积极参加各项活动。千万不能两耳不闻窗外事，一心只读圣贤书。如果那样，你还不如退学，参加工作，将来你还能混口饭吃，不至于变成废物。人的一生大部分时间都是在与人打交道，不论你做什么工作。就算你要做一个科学家，也必须与人打交道。看看那些获得诺贝尔奖的科学家就知道了。

第三件事情就是锻炼身体，如果没有一个好的身体，其它一切都是零。中学，每天必须一个小时体育锻炼。每节课间必须必须到操场上去玩，玩什么不重要，重要的是一定要去跑跑跳跳，能出汗最好。我从小吐血，但是，我上中学的时候，还是每节课间都出去运动。

在学校就是这三件事，不要整天有心理负担，积极、阳光、乐观、向上，就是在学校的思想准则。那么，在学校外该怎么做呢？也是三件事：

第一件事看杂书。

包括古诗、古词、小说、历史、名人传记等。

我到现在为止，一生受益最多的就是读书。我中学学会了读书方法，但那时家庭条件不好，买不起书，等上了大学，我在北大图书馆看了 10000 多本书，后来工作后我又看了 10000 多本书，这是我终生最大的财富，谁也抢不去，谁也偷不走。

第二件事就是学习一种或几种乐器。

人生琴棋书画必须通晓，这是人生的乐趣和修养，不是为任何人而学，也不是为了考什么级。考级只是为了检查你学得怎样，而不是为考级而考级，更不是为了应付家长。

第三件事就是精通一项或几项体育活动，这些活动一定是你最感兴趣的。而不是为了给家长学或者为了将来混口饭吃，将来我们能做什么？将来的路非常宽，条条大路通辉煌。

中学阶段不要去想赚钱。人的一生都会在考虑赚钱的事，只有中学不必想这个问题。当然，家庭条件特别不好的人除外。

## 四、中学是人生最幸福的时期
## 千万不要变成最痛苦的时期

　　中学阶段是人生最幸福的时候，但是，我们中国的中学生幸福指数最低，为什么？压力太大。根本没有幸福可言。这是不对的。我的中学时代是非常幸福的。幸福更多的是一种心态，是一种个人感受。我喜欢玩，我就在学校和同学玩，在家和邻家伙伴玩。在学校我是最优秀的学生，我特别有自豪感。在家我是淘气的人，我也快乐。在学校我学习排榜第一，我幸福。回家游泳、滑冰、打球我也快乐。在学校背古文我特别新奇，在家我去爷爷家打鱼、划船也愉快。到同学家去串门，我很高兴，跟同学侃大山你不愉快么？反正我很愉快。

　　在中学时代，本应是快乐、幸福的。这一点已得到了很多成功人士的证实。美国前总统布什的中学时代给他本人留下了极其深刻的印象。他上中学的时候，全家人经常到缅因州度假。为了找寻海星和海胆得消磨许多时间，这时那些棕色的螃蟹围着他们的脚边爬来爬去。那儿有奇妙的潮水潮汐涨落；有令人感到凉爽的空气散发着咸盐的气味；晚上海浪拍打海滩，发出有节奏的声音，暴风雨会突然席卷布满岩石的海岸线，创造出自然界的奇景。

　　还有，他们爬上他外祖父的"汤姆孩童"号龙虾船出海冒险去钓鱼，试试自己的运气。那时侯，好斗的青鱼还不曾来到缅因海岸，而布什他们的目标只是希望找回捕获的小鲭鱼和绿鳕。他的外祖父相信用简便的方法就能钓到鱼。只需要一根普通的绿色钓鱼线，绕在木板上，拿一块从旧衬衣或手帕上弄来的布条做诱饵就可以了。这不是什么幻想，他们也不需要幻想，如果鲭鱼快游时，什么东西它们都会咬的。那个大的有两磅重的会猛烈撞击，还会进行一场相当艰难的战斗。大家提着自己捉到的鱼——特别是漂亮的绿鱼——走到一起，然后并排坐下来吃着冰淇淋，一直到很晚，完全是为了夏日的消遣。

布什的外祖父又教会了他们怎样驾船和泊岸。布什和自己的兄弟兴奋地靠自己做着外祖父所做过的事情，兴奋地实践着外祖父曾经教过的怎样应付急流、海浪和潮涌。很多人会说，美国人的条件多好啊！自己家就有游艇，还能去海滨度假。其实，只要你内心充满激情，什么都能使你快乐。我到我爷爷家划船、打鱼一点也不比布什家差。只是我们是木船，他家是游艇而已。但是，我们的幸福与快乐是一样的。后来，我去菲律宾度假，我们租菲律宾的游艇出海，钓鱼，潜水，一样其乐融融。2012 年夏天我去日本东京开会，我们顺路去北海道旅游，也是其乐融融。可见，快乐与年龄无关，与自己的心态有关。

中学阶段就是快乐地学习、生活，其它的事情让它随风而去吧！快乐是什么？是自我的感受。无论你快乐还是悲伤，你都要度过 6 年的中学生活，你为什么不选择快乐呢？我一直相信，现在绝大多数中国人的生活条件比我中学时代的生活条件不知要好上多少倍，因此，我们完全相信，现在的中学生生活一定会快乐的。如果不快乐，那就是你自己的原因。让我们健康、快乐地学习、工作、生活。让我们自由地呼吸幸福的气息，在无忧无虑的天空中翱翔。

## 五、主动者上天堂　被动者下地狱

人分为主动者与被动者，因此，人的命运也就有很大的区别。有的人把自己的命运掌握在自己手里，也有些人将自己的命运交给别人。那些主动把握自己命运的人，一生中越发展越好；而那些被动生活的人，即使偶尔有一些成绩，终生将一事无成，生活越来越差。

我在初中就努力主动地学习、工作，于是，个人从小学人见人烦，到初中全班最优，以至到了高中，我自己主动提出考北大的愿望，个人命运发生巨大变化。当我考上北大的时候，伴随我的就是鲜花、赞语。而后来我主动放弃公务员，到企业当业务员，一直到科长、处长、经理、中国销售总监、中国营销总经理等职务。用俗一点的话说，我通过主动选择，主动去做，名利双收。很多人到了这样的地位就心满意足了，而我又主动放弃了总经理的职位，到北京大学、清华大学担任教授。我们都知道，北大、清华不是你想去，就能去的。我通过自己主动的努力，终于成为北大、清华最高级的总裁班、EMBA、MBA班教授。接着我又主动担任法国北欧商学院总裁硕士学位班特聘教授和硕士论文答辩三大主考官之一。与此同时，我主动努力参加亚洲国际营销论坛总策划，并成为 2008 届（东京）国际营销论坛、2011 届（首尔）国际营销论坛中国代表团副团长，与北京大学副校长张国有同行赴日本参会。后来，我发现亚洲还没有中学生成功学、大学生成功学、青年成功学、中年成功学、老年成功学，于是，我创立了亚洲中学生成功学、大学生成功学、青年成功学、中年成功学、老年成功学，统称分众成功学。

在以上的事情中，每一件事情，都是我主动去做的。在这个世界上，没有人会主动地为你设计好事，好事只有你自己主动去争取。被动等待只有坏事，因为，坏人已经为你设计了陷阱，你被动地被设计了。所以，我一直强调，主动者上天堂，被动者下地狱。不仅我是这样，无数的成功人士都是主动地去争取。前面我讲过，拿破仑从军校毕业，只是一个普普通通的下级军官，但是，他主动表现自己，主动展示自己的才华。当土伦战役发生的时候，是他主动请战，人们并不认识他，只有他自己主动展示自己的才华，最后才能建立奇功。当人们渐渐把他的土仑之功忘却的时候，是他自己又主动向国民公会主席巴拉斯推荐自己，并取得了巴黎保卫战的全面胜利。而他自己又重新被授予少将军衔，年龄只有 27 岁。当人们又把他忘记的时候，他又主动提出征服意大利，使他在法国和意大利人民中间享有盛誉，成为意大利实际的国王。当人们又要把他忘记的时候，他又主动提出远征埃及。当他在埃及听到国内一片混乱的时候，他又一次主动回国，并发动政变，当上第一执政，后又主动提出当皇帝。于是，于 1804 年拿破仑终于当上了皇帝，实现了人生的最高成就。我们看一看，拿破仑的一生，每一个成就都是他主动争取来的。他的一生最大的法宝就是主动、主动、再主动。

而积极主动的性格是从小就培养出来的，尤其是中学 6 年，更是主动与被动形成的分水岭。在中学阶段就要培养自己主动设定目标，主动实现目标，主动表现自己的能力。主动设定目标和被动设定目标是有本质区别的。我们现在很多中学生生活得很不幸福，学业也很不好。为什么？因为他自己不想学习，而父母整天逼着他学习。这样对他自己而言，度日如年，每分每秒都恍如隔世，怎能学习好呢？没有主动精神，一生都会危机四伏，即使取得一点小的成绩，很快也会失去。有一个同学，

## 中学决定一生

人生很被动。从北大毕业后，就等待国家分配。后来到了国家机关，整天被动地混日子。后来，在单位混不下去了，就到更差一点的单位去混。又混不下去了，就到更差的单位去。直到中年再也混不下去了，满大街打零工，整天处于半失业状态。孩子上学没有钱交学费，老人病了没钱看病。自己的养老保险、医疗保险、失业保险无钱交。而这样的生活还要熬到60岁，将来会熬到65岁。半生都在失业与半失业状态中。而那些积极主动的人，到了中年正是事业最辉煌的阶段，经济上也拥有几千万资产，甚至上亿资产。拥有豪华别墅或市中心的大房，拥有几辆汽车，各种基本保险之外还有多种商业保险。孩子不仅在国内读好的大学，还可以在全世界范围内留学。老人病了可以住豪华单间，去世了可以住豪华墓地。这二者的生活是不是有着天壤之别？这就是主动者上天堂，被动者下地狱。我们当初那些主动者现在就是天堂般的生活，而那些被动者苦不堪言。大家的命运在中学时代基本就注定了。所以，我才敢说：

"中学决定一生。"

当你主动设计人生的时候，开始很困难。因为你不知道该怎样去做，有些人甚至不知道什么是好什么是坏？没关系。当你为自己设定了目标之后，在实现目标的过程中，你就会越来越清晰自己想要什么，自己适合什么。一切都在运动中调整，完善。当你形成主动的习惯，你就会不断地进步，最后形成很好的能力。

# 六、高考是人生第一次大阅兵
## 认真对待其乐无穷且终生受益

人一生会经历很多大起大落。有工作上的，也有生活上的。但是，像高考这样持续时间这么长，各方面重视程度这么大的活动也不是那么多。高考是一人生中第一次这么折磨人，这么耗费体力、脑力、毅力的大事。你如果把它看得太重，你就会还没上考场就先阵亡了；如果你把它看得太轻，总觉得无所谓，那么，你就不会取得巨大的成绩。因此，我们既要重视，又不能太紧张。我们最好的方式就是把高考看作是一场比赛，既紧张，又刺激。胜固可喜，败也无妨。

我们年青人都喜欢各种竞技活动，比如排球、足球、篮球等。我们就把高考看作是一场足球赛。我们要提高自己的技能，要苦练基本功。要培养心理素质，不怯场，到关键时刻能把自己的真实水平发挥出来就可以了。

高考我们重视结果，也重视过程。除掉考上好的大学外，锻炼一身真功夫也很重要。人生取得大的成就的人，也可能是名牌大学毕业。也有一些当下的成功人士是从普通大学毕业的，比如马云、宗庆后等。马云虽然高考落榜好多次，但是，他不屈不挠的精神，永不服输的韧劲，为他日后更大的辉煌奠定了基础。人生不在于一时一事，但却在乎每时每事的态度。失败一次可以再来，但是，没有进取精神，败了就是真的败了。马云后来再努力，也不过考上了一个杭州师范大学，在我眼里，跟没考上大学没什么区别。比起北大、清华、哈佛、剑桥来说，不值一提。但是，马云今天取得的成绩，又有哪个北大、清华学子能比得上呢？所以，考上名牌大学只能说明你在这个阶段的学习中获胜了。但是，如果你在高考的六年拼搏里，学到了奋斗、拼搏、镇定、计划、规划、总结等能力的时候。高考就变成了一个人生成功的奠基礼。

其实，世界各国大学入学都有高考，只是形式上，内容上有一些区别罢了。日本、韩国的高考强度不比中国差。很多韩国家长在高考的时候，在寺庙里烧香为孩子乞（不是祈）福。为什么用乞而不用祈？因为他们的家长就像乞丐一样，为孩子要饭似的祈祷考试成功。大凡在中国、日本、韩国经历过高考，并认真对待且取得成绩的人，在未来人生中，轻易不会被困难吓倒，因为你是经历过高考的人。我到今天为止，还没有再经历过像高考那样的紧张事情，所以，我做什么事相对来说比较平静。所以，高考的意义，已经超越了考上好大学这个单一目的。我把高考当成人生的一次大阅兵，过程和结果同等重要。钢铁是怎样炼成的？就是这样炼成的。

## 七、培养兴趣是中学生的生命线

人的一生最容易获得大成功的地方，往往是他最感兴趣的地方。而人的兴趣的发掘与培养的阶段就在中小学阶段。瑞士军事家若米尼是与克劳塞维茨、孙子齐名的世界三大军事理论家之一。他从小酷爱军事，但是，在他 14 岁时，父母把他送到了商业寄宿学校学习。他的数学、地理成绩极其优异，尤其是他对瑞士、法国、德国以及欧洲其它国家的名山大川、重要城市、天文气象等如数家珍，了如指掌。

他父亲看到他数学学习好，就把他送到一家商店当学徒，后来又把他送到一家银行学习货币交易，再后来又转到证券交易所当经纪人。但是，若米尼本人对战争具有极大的兴趣，于是，开始自学军事理论。后来，他成为拿破仑手下最优秀的军事理论家，被称为"拿破仑的预言家"，他的军事才能，远远超过他的经商才能。尽管他的专业是商业，但是，由于他的兴趣在军事上，所以，最后他成为了世界最著名的军事家，而不是经济学家。若米尼的《论大规模的军事行动》、《法国大革命战争军事批判史》等著作，名垂青史，给后人留下了巨大的财富。

可见，一个人对他最感兴趣的东西往往情有独钟。在做自己最感兴趣的事情的时候，往往会有各种奇思妙想，甚至会有巨大的发明创造。而对他不感兴趣的东西，往往视而不见。在做自己最感兴趣的东西的时候，往往是忘记了睡眠。而最自己不感兴趣的东西的时候，往往是度日如年，站着都能睡着，怎么能做好呢？

对于中国的中学生，往往不能够全部按照自己的兴趣去学习和工作。这里有家长的原因，也有自己的原因。因为我们有时不能科学地对待自己感兴趣的东西和未来社会需要的东西的关系。有时，自己感兴趣的东西只是少年时代昙花一现的事情。如果你只按自己的兴趣去做，往往你到了成年以后，就会被时代淘汰，甚至穷困潦倒。

最好的方法是自己的兴趣与未来前途、命运相一致。我在中学时代喜欢学习、管人、串门、虚荣、体育锻炼、与人聊天等，因此，我考北大以至后来当总监、总经理、北大教授、清华教授，我都很愉快。我父亲最伟大的地方就是不限制我自由，让我放开手脚，想干什么就干什么。努力学习是我自己的选择，我非常高兴，也就不觉得学习苦了。如果是家长逼着学习，那么你就会觉得很苦。我在13岁之前把能玩的东西都玩遍了，只有学习还没玩过，因此，我觉得学习挺好玩的，就把学习当成了娱乐项目。看书成了我终生最大的兴趣，这一切源于我的中学时代。

比尔·盖茨对创业和计算机行业感兴趣。他的父亲逼着他搞法律，但是，他本人对法律不感兴趣。虽然上了哈佛大学法律系，但是，他还是退学了。因为即使读完世界名牌大学的法律系，比尔·盖茨也不一定能有什么成就。就算比尔·盖茨为了父母之命，咬着牙读完法律系，也可能只是一个混饭吃的律师，糊里糊涂地混一生。但是，比尔·盖茨却毅然地选择了他最感兴趣的计算机行业，并按自己的兴趣创业，终成世界最大的企业家。这样的例子非常多，因为他反映了人性。人是理性的动物，但更是感性动物。如果理性和感性能够一致，这个人就是世界上最幸福的人。在中国如果一个中学生个人的兴趣如果能和自己的前途命运一致，并且和家长的意见一致，那么，你就是最幸运的人。如果你的兴趣和你未来的职业不一致，那么，尽量调和。让你的命运和兴趣一致。如果你的选择和家长不一致，你就要和家长坐下来讨论，是你错了，还是家长错了？最好能够找一个你所在地方的高人指点，不急于做出最后决定，充分讨论直到大家都非常明了为止。

## 八、功课学精　名利双收

　　世界上的知识无边无际，但是，最基础的东西就是中学课程。中学课程把人生主要知识的梗概全都教出来了。以后再学各种课程往往是中学课程的深入，万变不离其宗。所以，世界各国都开展 11 年或者 12 年义务教育。你学好了中学课程，你就有了在社会立足的基础。如果中学没毕业，那么，你基本就是文盲。那么学好中学课程有什么好处呢？学好中学课程，主要有三个方面的收获：

　　一、可以考上最好的大学，将来有更好的机会学习更尖端的科学和知识。我接触的人，主要都是名牌大学毕业的。我明显能够感觉到，不同大学毕业的人，在思想观念和行为方法上就是不同。名牌大学毕业的人，总体上要远远高于普通大学毕业的人。中国各大学中，连续几年一直遥遥领先的依然是北大、清华、人大、吉大、复旦、南开、上海交大等大学。其中，北大、清华又以绝对的优势高于其它大学。在北大、清华学习四年或者六年，可以学到非常多的特别的思维和特别的方法论。国际上世界大学排行前 15 名，除一名瑞士大学以外，全部是美国和英国垄断。麻省理工大学、哈佛大学、耶鲁大学、斯坦福大学、剑桥大学、牛津大学依然领先世界。我们要上大学，就上这样国内一流或世界一流大学。如果上不去这些大学，也要自学这些大学的知识和方法。

　　二、可以学会系统的学习方法。只要学会了科学的方法，你就可以终生自学。知识是无止境的，活到老学到老。没有一个好的方法是不行的。我在北大和毕业后的 20 多年的时间里，读了两万多本书。很多没有文化的人不相信我读了这么多的书。

因为，很多人一生也没读过一百本书。我之所以能读这么多书，而且读后不混乱，就是我在中学时期就学会了自学。到大学后开始发扬光大。

三、可以学到一生的所有知识的基础。人生中需要的知识各种各样，但是，最重要的和最基础的知识就是数学、物理、化学、中文、英文、地理、历史、哲学、生物、计算机、艺术这几门课。万变不离其中。所以，我主张中学阶段把这些基础知识打牢，终生不怕。我主张了十几年，取消文理科。我一直在呼吁。我当时举例说，文科好比左腿，理科好比右腿。你难道一辈子都想做个残疾人么？现在好了，国家可能会取消文理科，这样我们的一生就太完美了。

有很多人一生没有取得大的成就，不是他们不聪明，也不是不努力，而是没有学精任何一门课。人生有两大学习主题：一个是博览群书，另一个是学精一门课程。

博览群书是增加广度，开阔视野。而学精一门专业，是你学术深度的要求。中学阶段没有专业，那么就学精数理化语文外语地理历史生物哲学这几门基础课。学得越精，将来发展空间越大，越有前途。除掉这几门基础课以外，其它杂书可以一目十行，知其大意即可，不必求精。

在学习外语的时候，我们都知道两门课最重要。一门是精读，一门是泛读。精读要求一字一句完全理解，而泛读要求知其大概，扩充知识，开阔视野。所以，中学学习学精专业基础学科，终生受益，前景广阔。

## 九、不偏科者　终生有后劲

有的中学生喜欢学自己感兴趣的学科，这样就自然出现偏科。如果你对哪一科特别感兴趣，你可以多学一些这个学科。但是，不能太偏科。我们看一下，江泽民、胡锦涛、朱镕基、习近平都是学习理科的。但是，他们担任国家主席或总理的时候，主要应用的是文科的中文、地理、历史、哲学和理科的数学、物理、经济、财务、化学、电力等等，文理科内容各占一半。如果他们当初只会理工科那一点知识，他们在后来的工作当中则会非常困难。现在都在说大学毕业生找不到工作，但是，我在为很多企业招聘白领的时候，却招不到人。为什么？因为我们要招一名市场部的生产专员。我们要求这个人精通文科的市场营销和理工科的生产专业知识。但是，我们遍观中国人才，却发现几乎没有跨行业的人才。要么是文科的人员，要么是理科的人员，而兼通文理的人才全中国几乎没有。所以，从一生的长远角度看，不要偏科。

从短期看也是这样。很多中学生要求高考取消数学。这是极大的错误。表面看来，数学枯燥对自己的将来没有用。但是，实际上数学是培养人的逻辑能力的。我中学时期数学很好，终生都受益。在北大我开办家庭教师介绍所，每周五的时候，我都会约四五对家长和学生见面。他们同时谈话，我一个人同时听四五对人员谈话。我的思路非常清晰。哪一对谈的不对，我就马上支持他们，同时还在监听其他几对家长和同学的谈话。这些能力就是学数学时养成的。所以说，人生当中需要的是各种能力，尤其是综合能力。这就要求我们不能偏科，做全才和通才，同时，兼顾自己的爱好。当读硕士和博士的时候，再去钻研某一特定专科。读中学，就好像是刚到北京。你不能一进北京，就钻到一个小胡同里，一呆就是一生。当人们问起你北京是什么样的时候，你不能说北京就是一个胡同。同样道理，我们中学阶段就要把北京所有的地方都看过。读研究生的时候，再细看二环以内。当读博士生的时候，再只研究故宫。这样，当你博士毕业后，人们问你北京什么样的时候，你会把北京全貌都说出来，然后，你再说城里，最后说故宫。中学阶段就是学北京全貌的时候，你不能只学郊区或只学某一胡同。

## 十、能吃苦 同时会思考

我们中学生肯用功的人不少，肯思考的人也不少。但是，既会思考，又能吃苦的人就少得多了。因为，会思考的人往往聪明。聪明人往往很快就掌握了某一内容，就不愿意再吃苦去钻研了，浅尝则止。而有些人很能吃苦，但是，不喜欢动脑筋。因为不动脑筋是惯性思维去做事，心不累。所以，很多人宁愿长时间地重复做简单的事情，而不愿动脑筋去思索，结果，体力上受了很多的苦，却一事无成。

我在初中的时候就开始学习，那时和其他同龄人比起来，我是十分用功的。这一点在前面我已经说过了，我在假期除了串门、聊天外，就把时间放在了学习上。进入高中以后，我更努力学习了。但是，我从来没有死读书，而是特别讲究学习方法。各位看了前面我的日记就会发现，我写学习方法和人生哲理的内容比学习内容本身多多了。我每看一部电视剧，我就会有很多感慨。仅电视剧《排球女将》我就发表了很多感想，可见我是一个喜欢动脑筋的人。而正是这一点，我后面的学习和工作才会特别从容。比如，我在中学的时候，就养成了动脑筋的习惯。我做数学题，喜欢同一道题用多种解法，反复地做同一道题，解法越多，思路越开阔，未来人生越精彩。我把这种做数学题的方法用到了工作中去，创造了巨大的辉煌。我从北京市政府辞职后，到顶新集团当业务员。我们开始卖食用油，大家普遍喜欢卖到餐厅去，因为餐厅在街边，比较容易进去。但是，餐厅每一次只买一桶，数量非常少。这时候我想，既然我解数学题可以有多种解法，那么，我卖油为什么不能有多种卖法呢？于是，我既跑餐厅，也跑各种单位。紧接着我又开始跑机关单位，再后来我开始跑大单位。我去首都钢铁公司食堂，一天就完成全月工作量的一半左右。再后来我在单位打完卡后，直接打出租车回家，然后在家打电话。一天打 300 多个电话，成功率非常高。等到大家都学会打电话以后，我又找大学生写信，一天发两万封信，覆盖全北京。九个月后我就连升三级，当上了特供科科长，工资张了 4 倍。同样做销售，我只是把同一个工作用几种方式而已。其实，这种能力在中学时代就已经形成，一题多解，中学生尽人皆知，但能在实战中应用的人就比较少。

我们都知道，很多农民一辈子种地，生活却很苦。但是，如果这个农民很能吃苦，同时又喜欢动脑筋。那么，他可以将别人承包的土地自己再包过来，然后雇飞机撒农药，雇机器大规模耕种土地，然后成立农业生产加工公司，最后上市，那么这个农民就成为有 10 亿资产的大富豪。美国很多大农场主就是这样形成的。所以，我们要既动脑筋，又要敢吃苦，最后才能成功。

## 十一、中学阶段必须掌握高超的学习能力

学习能力与学习的内容同等重要。人的一生中，不断地遇到新问题。人不能两次踏进同一条河流，这句话是亘古不变的真理。世界是发展变化的，永恒不变地发展。你今天掌握的东西，过几天就变成落后的东西了。你还是你，但是，世界已翻天覆地。年年岁岁花相似，岁岁年年人不同。你学的知识，再过 10 年、20 年就会过时。但是，你的学习能力却是永远不会过时的。我认识一个企业家，他只有高中文化。但是他的学习能力非常强，他开始报北京大学的研究生课程班学习。由于他没有大学学士学位，因此，没有办法拿到硕士学位证书。但是，他不气馁。又到清华大学读经济类课程班，依然没有拿到硕士学位证书。再后来，他创办了一家生产企业，一年赚一亿以上。再后来，他又去法国北欧商学院读博士课程班，获得了法国博士学位证书。但是，这个证书中国不承认，所有欧洲和美国企业承认。这个企业家不断地把学到的知识转化成经济效益，经济成就和精神成就双丰收。

我反复强调，中学生的学习成绩、工作能力、沟通能力并存最好。如果只是学习好，在未来人生道路上未必辉煌。学习方法非常重要，学习的能力也十分重要。学习能力中，自学能力又是一个生命线意义的重要内容。我们都知道，人的地位越高，你的老师就越少。孔子是中国的文化圣人，他是众多徒弟的老师，那么，孔子的老师又是谁呢？没有。孔子没有老师。他的真正的老师就是他自己。当我们走出校门的时候，就是我们自己给自己当老师的时候。人是总要断奶的，总要学会自己吃饭。学习也是这样，必须学会自学。老师的责任是扶上马，送一程。自己的路还要自己走。同一个老师，教出的学生却是

千差万别。师傅领进门，修行在个人。

我从北大毕业以后就再也没有老师了。我永恒的老师就是我自己。我教博士班，但我自己不是博士学位。我教硕士学位班，并且担任学位论文答辩主考官，但是，我自己没有硕士学位。那么，我怎样教硕士生和博士生呢？靠自学。我自学了博士课程后，再发扬光大，然后教博士生。我后来在中国人民大学学习经济学硕士课程班，没有硕士学位。后来我学习 MBA 课程，也没要硕士学位。再后来我读博士课程的时候。我也没要博士学位。如果我自己都没自学（或与别人共学）过博士课程。我怎么敢教博士课程呢？最高水平的人，往往没有老师。第一个教博士生的人，一定不是博士。任何一个行业第一人都没有老师，他的老师一定是自己。奥巴马当上了美国总统，但是，谁教过他怎样当总统么？没有人，只能是自学。而自学的方法和习惯开始于中学时代。

## 十二、不断提高抗挫折能力

人的一生，挫折远比顺利多。一次重大科学发明，往往有几千次的失败做铺垫。一次大考的成功往往是上千个不眠的夜晚相陪伴。在任何重大活动中，成功的人都是极少数的。以高考为例，能考上北大清华的考生永远都是极少数的人。那么，我们能否经得住考验，就是我们下一步能否辉煌的重要依据。人的一生困难是时刻存在的，挫折是伴随我们一生的。那么，提高我们的抗挫折能力是不是很必要呢？回答是肯定的。

我们班的蒋小军同学，人非常聪明，写一手漂亮的字，非常有才。但是，在学习上，他就是找不到方法。高考时只得了300多分，而我们班绝大多数的人都得了400多分。我们少数得了500多分。我们试想一下，一个在高考中比我少200多分的同学，将来能有前途么？事实是他最后只考了一个中专。我们想一想中专和大学能比么？中专和重点大学能比么？中专和北大能比么？面对这么大的挫折，蒋小军毫不气馁。上了中专以后，从头开始奋发向上，积极入党，当上了校学生会主席，最后被分配到国家电力部工作。这时候他面临着更大的困难。在中央部委里工作，周围的同事都是名牌大学本科以上学历。一个中专生是低得不能再低的学历，面对这样的困难，蒋小军毅然决然地开始新的征程。读大专、续本科，赴香港，战华北。经过长期的奋斗，终于取得了绝大多数北大、清华毕业生无法取得的成绩。而我们很多名牌大学毕业的同学，由于眼前遇到一点挫折，或许工资少了一点，或许奖金少了一点，或许晋升得慢了一点，或许找女朋友或男朋友慢了一点。要么自杀、要么满腹牢骚。还有的人采取避世出家的方法，结果一事无成。我们反观蒋小军，在高考后，好像在同学面前抬不起头来，但是，他和我们谈笑风生，表明他有宽阔的胸襟，良好的修养。仅仅在高考这件事情上，他当时没有找到良好的方法。后来在工作中，他找到了自己，找到了方法，最后终成大事。最痛苦的时候，往往是最后辉煌的前兆。

人生是一场马拉松比赛，每隔几年就会遇到一次洗牌。高考是人生第一次洗牌，我们必须全力以赴。如果这一仗打胜了，我们就要好好地庆祝。怎样庆祝都不为过，因为这是你人生马拉松第一站的里程碑式的胜利。但是，当我们庆祝之后，就要整装前进，踏上新的征程。决不能停留在取得的这一点成绩上。如果我们没考好，不要紧，放下包袱，走出家门，告诉所有的人：你失败了，你将要从头再来。

很多人在岁数小的时候，往往把面子看得很重。其实，人生中很多时候失败是暂时的，困难是临时的。向前走，突破眼前困难就是光明。向后退，从头再来，后面也会更加光明。最可怕的是，遇到眼前的一点小困难和一点小挫折就心灰意冷，仿佛世界末日就要到了，其实，光明的前途就在不远处等着你。

我们都知道中国首富宗庆后仅有初中文化，在其他人坐在明亮的教室里读高中的时候，他却不得不退学回家，这是多么大的挫折。很多人可能一辈子一蹶不振，但是，宗庆后却从挫折中爬起来，迎着困难，走向一个又一个胜利。

当年宗庆后刚刚初中毕业，他想以优异的成绩报考师范类学校，并满怀期待地想在取得文凭后找到一个好的工作，以帮助母亲缓解家里窘迫的现状。他听说师范类学校对成绩优秀的学生待遇非常好，不仅包食宿，还有生活津贴和奖学金拿，只要自己努力取得好成绩，就能减轻父母的压力，让不堪重负的家庭获得喘息的机会。但是，现实往往是残酷的，当他兴冲冲地报考师范学校时，却被当头泼了一盆冷水：进入师范学校需要达到一定的标准，家庭成分必须是贫下中农。宗庆后很清楚自己的家庭背景根本达不到这个标准，再加上祖父和父亲都有在国民党政府工作过的历史，报考师范类学校自然就无望了。这让当时的宗庆后十分沮丧。但是，他很快又坚强起来。作为家中的长子，既然无法读书，那么就离开学校，踏入社会工作，这样至少可以挣些钱，帮助母亲分担家庭的重负。

想通了这些之后，宗庆后收起心里的委屈，做出了一个让家人非常意外的决定——辍学。起初父母并不同意，尤其是身为教师的母亲，希望自己的长子能够多学文化知识，拥有更美好的未来和人生，但是，家中的情况不容乐观，在宗庆后的一再坚持下，父母也只好同意了他的决定。

尽管宗庆后很想继续读书，然而作为长子的责任感，使得16岁的他，艰难地做出辍学的决定。就这样，还未成年的宗庆后离开了熟悉的校园生活，投入到社会中去。他先跟着汽车师傅学修车。但是，他毕竟年龄太小，又没有基础，学得十分艰难、缓慢，而且，当时的宗庆后因为营养不良，身材瘦小，干不了重活，这让车行的师傅十分不满，所以，他不久就被辞退了。

接着，他又去干各种杂工，他卖过爆米花、发过传单、看过大门。就这样他一直工作了两年。后来，他听说舟山农场正在招知青，没有家庭背景限制，于是，他来到了舟山农场。到了那里才知道上当了。那里是荒凉且寸草不生的海滩，就像戈壁滩一样。后来，宗庆后才知道，这里不仅人迹罕至，地理条件也十分恶劣，以前是关押犯人的地方。面对这样的困难，宗庆后没有绝望。他埋头苦干，工作后就读书，时间过得到也快。后来，农场倒闭了，他又被分配到宁波茶场，一干就是15年。人生有几个15年？眼看人到中年的宗庆后，又经历返城，待业，

打杂等磨难，最后终于修成正果。（选自《宗庆后传奇》电子工业出版社）

其实，古今中外这样的例子多的是。而且正反都有。《甄嬛传》里的惠贵人经历了一次挫折，就终生一蹶不振。我们仅就个人命运而言，惠贵人是被华妃陷害，她如何找华妃报仇，那是人之常情。但是，自己一辈子消沉，无所事事，与皇帝为敌，与自己为敌，自暴自弃，就太不值了。而甄嬛在第一次受打击后，经过一段时间的沉沦之后，便主动用蝴蝶来重新讨皇帝的欢心，再次崛起。被赶到甘露寺后，经过一段时间的挫折后，又通过个人努力，再次获得皇帝的欢心，重新崛起。可见，任何一个人不论古代还是现代，都必须要有对抗挫折的能力。人生不如意是经常性的。面对不如意，采取的方法是大相径庭的。而从中学时代，我们就必须培养抗挫折能力。

# 十三、沟通能力决定一生命运
## 必须在中学阶段培养

人的一生沟通能力占人的成功因素的百分之六十，以至更多。人的自身做事的能力再大，也没有沟通能力大。古人说"浑身是铁，能打几颗钉？"今天随着科学技术的发展，一项重大科学项目，往往需要几十人，几百人，甚至上千人。如果你要做学术带头人，就必须要学会与人沟通。中央电视台《对话》节目在请唐骏做嘉宾的时候，明确地问他：

"请问，你认为职业经理人最重要的素质是什么？"

唐骏毫不犹豫地回答："沟通能力。"

主持人问："您认为沟通能力占职业经理人成功的比例是多少呢？"

唐骏毫不犹豫地回答："大概占百分之七十。"

由此可见，沟通能力是十分重要的。而这一切的形成就是在中学阶段。

首先是与上级的沟通能力。

在中国，任何人的成功首先来自上级的认同。在中国决定你命运的是你的上级。你是否能够晋升，是否能够保住现有的职位，都取决于你的上级对你的态度。而与上级的沟通能力是所有沟通能力的最重要的部分。中学学习好的人，往往不会或不愿意与上级沟通。这部分人总认为自己很强，自己很独立，自己永远不求人。其实，这是最不现实的。在中学阶段校领导、班主任老师、班干部都是我们的上级。即使你不认同，你也要将他们假想成上级，学会跟他们沟通。

等到进了大学再学习与上级的沟通能力就来不及了，因为在大学里，大家各行其是，有时候一个学期都见不到老师或领导。但是，大学毕业以后，你已经形成了不会与上级打招呼，不会沟通。就会吃大亏。我已经讲过，有一个中学生在中学时候学习非常好。后来考入北大，再后来被分配到某大机关工作。由于不会与上级沟通，工作几年后自杀，留下了非常大的遗憾。我经常在想，如果这个同学学习差一些，考入一个普通大学，但是，沟通能力特别强，那么，也许这个人现在还活在世上，也许生活得相当不错。那么，学习好，考入北大岂不是自己害了自己？所以，在中学阶段沟通能力比学习更重要。

沟通的第二个方面是平级沟通。在中学阶段平级沟通就是与同班同学、同年级其他同学交往。很多同学生活在人群中，却很孤独。因为，他不知道该和同学们聊什么。聊太正统的内容，同学反感；聊太八卦的内容又太俗。所以，无话可说。

我的一个同事的女儿向我咨询，她在中学时每天都不知道跟同学聊什么，所以，她就不聊。后来上了大学，每天从早到晚，同学们各忙各的，彼此很少见面。她感到更孤独。我告诉她，其实，在大学里谁也不管谁，百分百的自由。因此，等到大学里再去培养沟通能力，那就太晚了。

各位看了前面的内容就会知道，我中学很会沟通了。包括与上级和平级沟通。但是，到了北大，我也孤独极了。从早到晚，上完了课大家就各奔东西，一直到晚上 11 点。全天都是自己一个人，从教室到图书馆，再从图书馆到另一个教室。每天孤独和寂寞陪伴我，1 年半后，我终于大病一场住院了事。直到

## 中学决定一生

大三我才适应一个人孤独与寂寞。所以，我工作以后沟通能力比中学阶段大幅下降，工作的早期遇到很多挫折。所以，千万不要等到大学再培养沟通能力。

其实，与平级同学沟通很简单。你只要坚持自然，不要束缚自己，想说什么，就说什么。你就会沟通了。很多人想得太多，最后，憋了很长时间，反倒一句话说不出来了。你只要坚持三分之一正题，三分之二八卦就可以了。人生没有那么多正题。如果你一天总是一本正经的，那么，大家烦你烦得一帖老膏药了，谁还愿意与你交往呢？

中学爱说话，爱聊天的人，一生都有较好的人缘，较好的人脉。而这些不必刻意花时间去学，只要顺其自然地说，不要压抑自己就可以了。

我们看一看，每个人不论是做事业，还是一般谋生，都必须有自己的圈子。例如，冯小刚的圈子从《甲方乙方》就开始。由于刘蓓、葛优、徐帆等人，形成了自己的一个圈子。有什么好的创意，有什么好的电影，自己人比较容易合作。后来的《不见不散》、《非诚勿扰》等电影，大部分都是自己人。而要找新人，必须从头了解，相互磨合，能否合得来还未可知。其它行业也是如此。如果一个人不善于与人沟通，自己的机会就会减少百分之九十。

## 十四、系统学习与特殊才能兼顾

我们努力学习、考大学，这些都是系统学习，也就是走正常的成功之路。也是大多数人都走的路。成功了，你可以功成名就。没成功，你也可以过普通人的日子。所以，这条路是人人必走的常规成功之道。我们全社会都支持这条路。但是，人生不是独木桥。在成功的路上，还有一条路可走：这就是发展特殊才能，走特殊成功之路。

我们都知道，郎朗从小开始弹钢琴，相当长的时间内，没有办法钻研功课；韩寒从小开始写作，走的也是一条特殊的路；李连杰从小就到体校练武术，几乎放弃了功课的学习；成龙从小就进艺班练武生，同样是走了一条另类路；刘翔练跨栏这是全民皆知的事情。由于这些人的成功大家都很熟悉，所以，我就不浪费笔墨了。我们重点分析一下，正常路与特殊路的区别在哪里？

正常路大家都走，所以没有太大风险。即使失败还有退路。

而特殊成功路，风险则十分巨大。如果失败，普通人的生活都不如。因为，你连基本的文化知识都没有，普通白领都做不了。这一点我们必须知道。

人生难得几回搏？自古英雄出少年。如果你有这个才能，不一定一定要循规蹈矩，完全可以创出一条新路。如果郎朗怕前怕后，犹犹预预，优柔寡断，那么就不会有今天的郎朗了。风险往往和巨大的成功连在一起的，人生有时候是要冒一些风险的。

但是，我们时刻要记住一条：有特殊才能的人毕竟是少数，而且走特殊之路需要才能、毅力、勇气、坚韧不拔的精神和家人的完全的支持。

走特殊成功路，还有两个条件：

一、你必须是真的有这方面的特殊才能。

二、你必须对这个事物真的有兴趣。

这两个条件非常重要。特殊才能是成就特殊功业的前提。如果你的才能平平，你一定练跨栏。结果，今天受伤，明天放弃，最多只能获得全国第 100 名的成绩，那么，你还有前途么？你的一生就毁了。

另外，如果你对这个事物本身并不感兴趣，只是出于一时冲动，于是，退学回家练这个技能。两年后，你的兴趣全无了，你再与父母闹，你也无济于事了。

中国绝大多数中学生并不傻，如果世界冠军那么容易获得，那么，大家都去当世界冠军去了，谁还会上学呢？其实，路一步一步走最好，走一步，打扎实基础，再走下一步。终生辉煌，如旭日东升。现在，很多人都喜欢走艺术之路。其实，走艺术之路，不论成功还是不成功，自己都不一定幸福。如果没成名，则日夜不安。如果成名，那么，自己整天生活在媒体的监控之下，没有任何自由，即使有一点钱，那么，幸福么？人缺什么就渴望什么，我们一定要理性看待自己的需求。你，到底需要什么？

我们家的一个邻居，孩子高中时家里希望她学二胡。于是，从初中开始，家长把房子卖了，给孩子找名师指导。学习了几年之后，孩子发现自己没有这方面的天赋有，即使学习一辈子也不一定能成名。由于家长把孩子的业余兴趣改造成了终生的职业，那么，就必须要学成。现在孩子发现无法实现自己和家长的梦想，全家人一商量决定孩子放弃学习二胡，改回去参加高考。这时家里卖房子的钱已经花光了，而房价已经长了 6 倍以上。如果房子现在卖，全家人可以拿出一小部分钱给孩子出国，大部分钱够全家人半辈子生活用了。孩子毁了全家，家长毁了孩子。后来，孩子高考很差，去了一个特别差的大学，家里依然穷得很。

我历来觉得，特殊才能如果作为一种业余爱好，可能会更好。作为一生谋生的手段，很有可能会连基本的爱好都没有了。

我坚持主张：

走正常的路，发现自己有特殊才能也必须敢于拼一拼。要有拼搏精神，也要有接受失败的心里准备。

## 十五、高考与出国

有些同学家庭经济条件好，于是，父母早早就告诉孩子。将来高中毕业就出国，所以，孩子就放松了学习，一心一意等着出国了。其实，现在人们对出国留学人员印象很不好。大部分人认为，学习不好的同学才出国，到国外混个文凭。所以，现在出国归来的人员，由海归变海待，也就不足为奇了。

在 20 世纪 80 年代，我坚决支持出国留学。因为那时我们国家非常落后，与发达国家差几十年的水平。但是，现在不一样了。目前，在经济方面，中国是世界发展最快的国家，所以，出国与不出国的差距远远没有以前那么大了。2011 年我去韩国开亚洲国际营销论坛。我们住在首尔五星级宾馆，但是，非常令我失望。我告诉韩国首尔大学的院长，这个宾馆还不如北京的三星级宾馆。对方院长告诉我，目前世界最好的宾馆是中国的宾馆和迪拜的宾馆。

现在，很多没见过世面的学生，还在犯非常幼稚的错误。他们以为只要是出国，就比在国内强。这种观点是非常落伍的。有的同学花了大量的钱去了一个非常小的国家留学，结果发现，这些国家的人们生活非常懒散，科学和技术以及经济发展比中国慢几倍。他们在这些小国家里学习了几年回国后，就像从农村来到了大都市，眼花缭乱，很不适应。他们回国后找工作更是不顺。他们的父母花了百万人民币供他去留学，结果回到北京后，用人单位每月只给他 5000 元的工资。他需要 20 年才能收回留学费用，岂不可惜！

今天这个时代，要出国留学，千万不要为出国而出国。与其到国外去混，不如在国内混。因此，不论出国还是不出国，都必须要在中学学习好，工作好，身体好。这不是喊口号，而是我几十年来，从几百个人，几千个人的成功经验和失败教训中总结出来的。

对于那些学习好的同学，我反倒建议有条件的话去美国和英国、德国、意大利、法国留学。美国在科学和技术以及创新方面还是比中国要先进 20 年以上，尤其是创新思维方面。其它小国家就不要去了（除非这个小国家当中最突出的好的专业以外），不如用这 100 万走遍全世界，开阔你的视野会更好。北京的综合水平，比世界上绝大多数国家的大都市都好。你拿着这些钱，先走遍中国所有的大城市，然后再走遍世界所有的大都市，定会有意想不到的收获。

目前，世界最好的 15 个大学，除瑞士有一个外，其它 14 所大学全部是美国和英国的。所以，如果出国留学，首选美国和英国。如果出国留学，就要好好学习。靠出国混个文凭回国糊弄中国人的时代已经成为历史。今天的中国人，很多人都有国外工作、学习、旅游、考察的经验。大家已经不是认为外国的月亮都比中国圆的那个时代了。

另外，出国留学有三点要注意：

一、出国留学要学自然科学，不要学社会科学。中国在自然科学方面与西方国家是完全接轨的。但是，在社会科学方面中国与西方国家有非常多的不同，无法接轨，最好不学。

二、目前有很多联合办学的项目。目前，欧美国家与中国联合办学的项目越来越多。有的是 2+2，有的是 3+1，还有的是 4+2 等多种方式。不论哪种方式，都为我们出国留学提供了方便。其实，出国留学主要看你的家庭条件和你的未来志向。如果你的家庭经济条件好，那么，你就去美国留学，而且去美国的名牌大学。不同的大学，培养的学生不同。我们都知道，奥巴马开始时，在美国芝加哥大学学习。后来到了哈佛大学学习法律，甚至当过哈佛商业评论的主编。再后来怎样竞选美国总统我就不必多说了。名牌大学给人以自信，同时，名牌大学的师兄、师姐成为名家的比较多，你的参照也比较多。如果你的师兄、师姐大部分都是卖煎饼的，那么，你毕业时候选择卖煎饼的机会就比北大、清华毕业生高得多。所以，到美国也是一样，要到名牌大学去深造。

三、如果你的家庭条件不太好，那么，你也可以选择美国的社区大学留学。美国的社区大学学费很低，周围也是美国的社会环境，你只要用功也可以有所作为。比美国社区大学稍好一些的还有欧洲的公立大学，这些大学学费很低，而且要求中国中学生高考的分数也比较低，同时，奖学金也比较多。只是我们很多中国中学生不知道还有条件这样好的大学。北京有一个中学生，高考成绩很不思想，考入了北京首都经贸大学。她后来自己申请去意大利的一家工学院，对方觉得她的高考成绩非常好，完全可以录取。由于这个中学生的家庭经济条件很不好，所以，到意大利公立大学留学几乎没有花家里什么钱。这对她的家长和她本人都是十分巨大的好事。

总之，今天这个社会出国留学已经由过去的贵族行为，变成了今天的人民群众的行为。在今天的中国非常多的家庭完全可以承担孩子出国留学的费用，但是，越是容易的东西，越不值钱。现在留学归来，已没有那么多的优势可言，海归变海待已经不足为奇。即使到了外企，也不一定有那么多的上升空间。所以，当今中国的中学生是否出国留学完全只是一种个人选择而已，出不出国由自己定。但是，不论出国留学，还是在国内上大学，都要求中学生必须学习优秀，这已经是这个时代的要求。

## 十六、中学生谈恋爱　错误的时间办错误的事
## 大学生不谈恋爱　正确的时间办错事

　　我在《大学生成功学》中谈到，大学生的第一件重要的事情就是谈恋爱。但是，我在这部书里面要谈的正好相反。中学生在中学期间最好不要谈恋爱。因为，这一时期是人生所有事业的基础阶段，要做的事情太多了。而恋爱是一件需要全面投入的事情，而且会经常性地掀起你的感情波澜。一个中学生今天上天堂，明天下地狱。今天两个人好的跟一个人似的，明天两个人打得骂对方祖宗十八代，你能承受得了么？

　　人吃得差一点没问题，可以忍受。住得差一点，也可以忍受。但是，如果感情受到伤害，任何年青人都承受不了。轻者，意乱情迷。重者，一蹶不振。等你振作起来的时候，一切都晚了。更有甚者，一时想不开，走上不归路，岂不坑害了你的父母？

　　我在高二的时候，我们班有一个女同学学习非常好，经常与我争夺第一名。后来，她在高三的时候谈恋爱，其实还谈不上是谈恋爱。只是两个人有好感，多在一起呆一会而已。但是，尽管只是这样，她的学习成绩也是一路下滑，越滑越差。最后，只考入了一所普普通通的大专学校。后来工作也不尽如人意，一生平平淡淡，后悔不已。

　　中学生谈恋爱还有一个巨大的问题，以前大家都不好意思谈这个问题，但是，我们还必须正视这个问题。这就是，当你谈恋爱的时候，你们要不要接吻？要不要发生性关系？说不发生性关系，那是糊弄家长和老师的。任何一对恋人，都不可能

控制住自己，发生性关系是随时都有可能的。我们中国还没有开放到父母为恋爱中的中学生儿子或女儿提供一间房，让两个孩子从容不迫地洗澡，然后，父母出去，临走前把安全套给孩子准备好，让孩子在家里发生性关系。两个小时后，父母再回来，装作若无其事的样子，避免孩子们尴尬。我目前还没有见过这样的父母，但是，大学生的父母就有这样做的。我的一个大学同学，他的孩子上大学谈恋爱，他就是这样为孩子提供方便的。而且安全套放在最明显的位置。中学生父母这样做的，我还没见过。

那么，中学生控制不住自己，怎么办？偷偷摸摸地进行。双方都跟做贼似的，心里背着沉重的包袱。使男欢女爱这样最幸福、最崇高的事情变成伤心、伤神、伤身、扭曲的事情。

总之，中学阶段最好不要谈恋爱。恋爱是一生的事情，将来你有的是机会，有的是时间，堂堂正正地谈恋爱。真正地享受幸福，而不必偷偷摸摸地谈。中学阶段谈恋爱，弊远远大于利。你要慎重选择。王老师不会绝对地阻止你，你毕竟有自己的人权。我只是建议你慎重，仅供参考。

# 十七、除高三外寒暑假带着小说去旅行

中学阶段虽然紧张，但是，绝对没有紧张到一点时间都没有的程度。除掉高三以外，每个假期，你可以根据自己的家庭经济状况，决定你到哪里去旅行。有钱的家庭，中学生就可以到国外去旅行。夏天去北方国家，冬天去南方国家。没钱的家庭，中学生可以到国内的名山大川去旅行，也可以开阔你的视野。不论你去哪里，都不要忘了带上几本小说。这个时候，千万不要带课本。我们很多家长好心办坏事，总希望孩子旅游学习两不误，带上课本。殊不知，经过一个学期的学习，孩子对课本已经很厌倦了，再带上课本，只会让人反感。况且，真正的知识浩瀚无边，必须走出课本，走向广阔的天空。

假期的旅行学习，目的是读万卷书，配合行万里路。要的是广度，同时必须有兴趣。这时候读的小说，不要太长。《战争与和平》、《基督山伯爵》、《红楼梦》、《三国演义》等太长的名著可以放一放，等到考完大学，再慢慢地读。反正这些书一辈子必读，所以，一定要选择时间最充裕的时候读这些大部头。也不要带特别短的小说，因为太短的作品，往往不容易形成系统，对提高文学水平以及综合素质帮助不大。可以开学后茶余饭后再读。

那么，什么样的书最好呢？例如，莎士比亚全集共11本每本都不长。第一本共4部剧《暴风雨》、《维洛那二绅士》、《温莎的风流娘们》、《一报还一报》。这4部剧中学生都不太熟，你可以带上阅读。第9本里的《哈姆雷特》、《李尔王》、《奥赛罗》中学生比较熟悉，你可以带上，既重温，又可获得新的感受。我们很多人（包括专家）一辈子能弄明白莎士比亚一个人，就很了不起了。

我们这个年龄最好看一些世界名著，或者自己喜欢的各类小说、人物传记等等。

带着小说去旅行，带的书最好是中国的、外国的各占一半。只读中国的作品，会使你看问题片面。中国的名著讲战争的多，讲勾心斗角的多，讲爱情的也多。但是，中国的名著很少讲人性，很少讲心灵深处的感受等内容。因此，读中国的作品，必须同时读西方的作品。二者兼顾。

读的书目最好先看一下全世界诺贝尔文学奖获得者的代表作。如果书太长，就可以简单地翻一翻，走马观花。如果有些作品，你觉得晦涩难懂，没有兴趣读，就先放一放。千万不要强迫自己一定读，一旦使自己对读书产生反感，你的一生就毁了。

为什么我提了这么多世界名著呢？因为，其它的书随时都可以读，而基本功的世界名著，越早读越好。中学阶段只是打基础。真正读书的时间还有的是，不急于一时。但是，培养自己读书兴趣则是最重要的。另外，这种泛读的要求是忘掉一切，千万不要像精读那样，又找中心思想，又研究写作特点。你在读世界名著和其它小说的时候，一定什么也不要想，全身心地投入到书中。为书中的喜而喜，为书中的悲而悲。进入情节，进入角色，放下包袱，畅想人类上下五千年。读书的收获，有时在 10 年以后体现，有时在 20 年以后体现。它对我们的影响是一生一世的。

除了世界名著以外，各类中外现代流行小说你可以随意阅读。还是那句话，中外各占一半，全面兼顾。还有，当下各种杂志也要不拘一格地读。我在工作以后，对我影响最大的是我在北大读的一万多本书,以及后来20多年我又读的一万多本书。这些书什么书都有,既有文学的,也有历史的,科学的,经济的。相反,我的专业书俄语、蒙语、营销的书占的比例不到十分之一。各种杂书开阔了我的视野,使我看见了人类上下五千年,也使我看到了宇宙的上下一亿年。现在,我在工作和生活以及学习中,内心充满了平静、积极、乐观、从容。不以物喜,不以物悲。居庙堂之高而放眼天下,处江湖之远依然能够放眼天下。书中能装得下整个天下。

最后一点,尽量读纸质书。不到万不得已,不读平板电脑图书,不读手机图书,不读普通电脑图书。我做了一个非常负责任的试验。看十分钟的手机信息,相当于看一个小时电脑。看一个小时电脑,相当于看两个小时电视。看一个小时电视,相当于看四个小时的纸质书。所以,看手机信息十分钟,相当于看八个小时的书。所以,只要你读书的姿势正确,你的眼睛是不会受伤害的。我到30岁时,已经读了一万多本书,我依然不近视。直到我后来得病,眼睛才近视,我45岁才戴眼镜。我祝愿我们的中学生朋友们,千万别学习不怎么样,眼睛却完蛋了。学习不怎么样,身体却垮掉了。上个楼梯肋骨折了,那就是人间悲剧了。我希望年青人朝气蓬勃,吃喝玩乐,享受人生。

我喜欢读书。每次旅行我都带上各种书。

当我坐在马尔代夫那白色细腻的沙滩上看徐志摩的诗的时候,与在北大图书馆里看是完全不同的感受。在 5 米外就是大海,在头上 2 米高的树上几只色彩斑斓的小鸟正俯视你,而你的心头正荡漾着徐志摩的水草。那是多么令人惬意的时刻啊!我在南非好望角的时候,正在看海明威的《老人与海》。其实,我早就读过这个作品,但是,此时此刻,在离北京 13000 多公里的地方,在世界两大洋的交界处,脚踩大西洋读着加勒比海的古巴老人钓鱼的故事，你怎能不心潮起伏？

其实，不论你走到哪里，只要你有这种意境，你读什么书都可以。当然，适当少读一些电子书也可以。只是一定要注意眼睛的休息与保护。

# 十八、中学时期略通两种乐器

人的一生幸福生活永远是第一位的，而生活的内容是要丰富多彩的。其中音乐是生活中不可或缺的一个重要内容。我小的时候家里很穷，所以，我小的时候什么乐器也没有接触过。很多像我这样年纪的人就会放弃了，这一辈子就这样混过去了。但是，我却不这样想。我47岁的时候，开始学习弹钢琴。由于错过了少年时期，我学起来很慢，而且也不会学得很精了。但是，我学乐器不是为了靠它来赚钱，更不想成为音乐大师，所以，我学钢琴只是一种乐趣。

那么，现在的中学生，只要家里不是特别贫困，不分男生女生，都应该学两种乐器。

为什么我建议学两种乐器呢？因为，在音乐方面，东西方存在很大的差异。西方乐器以钢琴为代表，它的音准很好。学习钢琴其实是学习科学。你只要按部就班，一点一滴地学习。就可以学得很好，所以常称为练钢琴。而中国的乐器，音准很不准。例如二胡，你不是像钢琴那样弹到哪个键就发哪个音。我按钢琴键1，它就发1的音。而二胡你不会拉，它出来的不知道是什么音。因此，中国的乐器其实艺术的成分更大一些。这就是我建议前后学两种乐器，一个是中国民乐乐器，一个是西方乐器，钢琴最好。当然，如果你还想学一学小提琴等乐器也可以。但是，主攻一种，且不可哪个都用大力气，最后一事无成。

学乐器最好从小学就开始。如果你小学没学过，只要不是高三，哪年从头学习都来得及。我们中国的家长有一种极强的功利主义思想，只要孩子一学什么，就必须要吃这碗饭。什么

## 中学决定一生

事情一旦成为你的谋生手段，它往往就再也没有乐趣可言了。为什么？

因为一旦把某个兴趣、爱好当成专业谋生手段，我们就要发挥极致地去学习它，这时候人们就很反感了。比如我学钢琴，一个星期只学一个小时，非常轻松。每天高兴了，就练一个小时。学钢琴没有给我带来一点压力。假如我现在没有工作，我要学钢琴来赚钱。那么，我每天就要弹 10 个小时的钢琴，只有这样才能练精。最后的结局是，我一听到钢琴两个字，我就会恶心，哪还有乐趣了呢？

对乐器的兴趣培养，越小越好。但是，除个别有特殊才能的以外，家长和自己尽量不要过早地把某一乐器定为未来专业发展方向。在具体学习乐器中，我建议：钢琴开路，然后你可以选择西方乐器手风琴、大号、小号、小提琴、大提琴、吉他、萨克斯管等乐器再寻找自己喜欢的。民乐乐器例如琵琶、古筝、古琴、二胡、扬琴、箫、笛子等乐器。我还是希望精一种，一般性熟悉一种，尽可能东西方乐器各占一半。

学习乐器一般在周末选一天的一个小时即可，然后隔一天复习一小时就够了。千万不要每天弹几个小时，那就毁了这个爱好了。过去只有贵族才会乐器，或者专业人士。现在则不同，普通人会几种乐器的人会很多。我们看诸葛亮在唱空城计的时候，他的琴弹得很好。其实，弹琴跟他谋生的手段没有任何关系。在古代社会，琴棋书画往往是对女子是否有才的一种评价标准，但是，今天无论男女，会一些乐器最主要的意义在于自我提高修养，自我终生娱乐，自我调整心情的方法，与人沟通交流的平台。

中学阶段如果能够熟悉两种乐器，那么上大学以后，就可以继续发扬光大，进可以报更高级的培训班；退可以自学后期内容。到了成年时，在 40 岁之前，大部分人不可能有时间再去从头学起了。因为那时侯，我们上有老，下有小。单位我们是骨干，加班加点是常事，赚钱糊口是正业。青春的浪漫，少年的遐想，都被现实事务性工作取代，而那些已经精通琴棋书画的人，累了可以弹一曲肖邦的《小夜曲》，高兴了可以弹一曲贝多芬的《欢乐颂》；遇到挫折了可以弹一曲《英雄交响曲》等等。我一直在想，也一直在看，有文化的人，和没有文化的人，生活质量相差几十倍。同样活一天，体验的内容实在是相差千里。

## 十九、中学时期精通一项体育运动

我们都知道，日本鬼子曾经诬蔑我们中国人是东亚病夫。我们全国人民誓与日本鬼子斗争到底。现在，日本鬼子垮了，没人再骂我们东亚病夫了。我们自己却不能不反思我们的健康状况。中国人的健康状况颇令人担忧，而且愈演愈烈，现在30岁到50岁之间的中年人，身体状况最差。付彪42岁离开全国喜爱他的观众；李郁33岁离开我们；罗京48岁逝世；高秀敏47岁逝世，让全国人民十分悲痛；侯跃文59岁辞世，令全国喜欢相声的人们久久不能从悲痛中走出来；还有很多企业精英30多岁、40多岁、50多岁英年早逝者不可胜数。为什么会这样呢？因为中国的少年、青年人、中年人的总体压力很大，没有体育锻炼，更确切地说，是没有养成体育锻炼的习惯。

如果说我们中国的中青年和少年忙，忙得没有时间进行体育锻炼，这话是不确切的。你再忙还有美国总统忙吗？美国的总统布什，每天都进行各种体育锻炼，最少每天跑步一个小时。而我们很多中学生连3000米都跑不完，请问你将来怎么能适应高度紧张的生活节奏呢？

从小养成体育锻炼的习惯，比锻炼本身更重要。要想养成终生体育锻炼的习惯，找到一项自己最擅长、也最喜欢的体育项目，就显得尤为重要了。如果没有兴趣，你能坚持下去么？绝对不能。就算坚持下去了，也是痛不欲生，绝对不会有愉快可言。那么，人生的意义又何在呢？

感兴趣最重要，同时，也必须是自己擅长的。要同时具备以上两个条件。年青人都有自尊心，很多体育项目都具有对抗性。比如，篮球、排球、乒乓球、羽毛球、游泳、滑冰、跑步等等各种体育项目，都是中学生很好的选择。决不能长时间地泡在电脑前，那是要死人的。生命在于运动，我们总是不信。现在，我的小学同学已经有死的了。初中同学62个人死了3个了。百分之五，他们死的时候只有40岁多一点。我常跟我的朋友们开玩笑，谁能活到拿退休金，谁就赚了。我知道，很多人这辈子是肯定拿不到退休金的。

我有一种不好的预感，我预感我们的下一代会更差。整体泡在电脑前，整天玩手机，整天大吃大喝，将来就业压力和生存压力会更大，早死的人会特别多。

我非常希望中学生不要等到快死的时候再去锻炼，而要趁着中学时代体质特别好的时候，就养成锻炼的好习惯。而培养一两种自己又喜欢又擅长的体育项目，才能终生坚持体育锻炼。我在美国美联集团当中国销售总监的时候，我的总经理也是北大毕业的加拿大籍华人。由于他从中学时代起，就喜欢游泳和篮球，而且有一定的半专业水准。所以，他终生坚持下来了。他比我大两岁，但是，身体比我好十倍以上。我现在打篮球如果打十分钟，我要休一个月。可是，他打全场的篮球比赛，跟专业队的人员打。过两天再去游泳。一进游泳池就是专业的五百米快游，而我一下一下地游。我的身体到处都是病，他现在还像30多岁小伙子一样。我常跟他开玩笑说，你是能拿退休金的白骨精。我是背着药箱拿退休金的人，退休金肯定不够我看病。

我身边都是白骨精，因此，得糖尿病的很多；百分之九十以上高血压；很多心脏病；肝病、肾病等慢性病携带者比比皆是。为什么？大量工作，没有锻炼，整天应酬。所以，我衷心希望中学生们，爱上一两种体育项目，相应比较专业一点，这样才能持久。

## 二十、中学阶段要把唐诗300首、宋词300首、元曲300首、唐宋八大家的散文集当游戏边学边玩

我现在每天睡觉前，看一点唐诗300首、宋词300首、元曲300首、唐宋八大家散文作品。这些文学作品，是中国文学的精华。不论是谁，一生当中都要了解并掌握它。中学课本选的唐诗、宋词、元曲、八大家散文的作品很少。不同的版本选的诗、词等都不同。我现在每天晚上都要看一点唐诗300首、宋词300首、元曲300首、唐宋八大家散文选。我现在看的是复旦大学出版社2007年版的《唐诗300首》，中州古籍出版社2006年版的《宋词300首》，大众文艺出版社2010年版的《元曲300首》。现在推出了《唐诗10000首》、《宋词10000首》等等。不同的版本，选的内容不同，终生都不会重复。

为什么中学阶段要学这些呢？因为从中学开始培养兴趣，大学继续学习。中间会有20多年停顿。我们任何人大学毕业后，都要面临找工作，结婚，生子，哺育下一代等问题。再后来又要在单位拼搏，升迁，直到50岁，基本没有再学习这些人生必备的修养的内容。即使学习，也是学习工商企业管理，经济学，法律等工作必须的知识和技能。作为一名中国人，从工作的第一天开始，就进入了激烈的竞争中。每个单位都不会给你提升素质和修养的机会，而工作当中你的修养多高又直接关系到你的工作成效和社会地位。我们今天的时代，是知识经济时代。我们国家的两个最高领导人，一个是清华大学博士，一个是北京大学博士。这难道还不能说明今天的知识经济时代么？

中学阶段记忆力最好。如果每天睡觉前背一首或者唐诗，

或者宋词，或者元曲，那么，积累到你上大学，你的文学修养就达到相当的高度。我现在在演讲的时候能够脱口而出的诗文，都是中学时代背的，也有少部分是大学时代背的。而工作以后我虽然又读了10000多本书，但是，能背下来的几乎没有。假如人生能够重来，我会在初中和高一、高二这五年里，背出上千首唐诗、宋词。那么，我今天的生活质量就更不一样了。我五次走遍中国，每到一处，我都感慨万千。但是，能够脱口而出的经典却很少。其实，人生当你解决了温饱问题后，真的是追求精神境界。

周杰伦的歌曲文学分量很大，我们听起来就很舒服。他唱的歌经典文学的底蕴是非常高的。我们中学生在考好的大学的同时，越早做这些一生必备的知识的储备，就越对未来有利。况且，每天晚上抽出10分钟就可以，多一点少一点都没有问题，只要有这个习惯就行。日积月累，水滴石穿。中国文学的经典就这么多，没有多少，早掌握，早受益，且持续到终生受益。

## 二十一、经典与流行并重

我前面讲了那么多经典的学习。很多人会问，你是不是落伍了？今天谁还学这些呀！所以在这里我与各位中学生分享一下经典与流行。经典好比是一座 150 层的高楼，它需要 100 米的地基，同时，需要建设几年。而流行好比简易房，一天就能建成。但是，你建 10000 个简易房，也不如一栋世界第一高楼的影响力大。我们知道，托尔斯泰一生只写了三部长篇小说，却奠定了世界文学大师的地位。而有些人，写了几千首打油诗，却是一事无成。流行的东西很好学，但是，经典的东西却是要经过几十年积累才能形成的。例如，你不会用 2G、3G 手机，你可以直接学习 4G 手机。你只要半个小时就能学会。但是，你半个小时能学会英语 8 级么？绝对不能。你最少要用五年时间才能学到英语 8 级。同样道理，你学会上网，只需要几个小时时间。但是，你弹 钢琴、小提琴，几个小时能学会么？显然不能。这些经典的，真功夫的东西，往往是中学时代打基础，培养兴趣，再加大学巩固、提高，才能对你的一生产生重大影响。

至于那些流行的，糊弄人的，三角猫的功夫，待你大学毕业走向社会以后再学，完全来得及。

人的一生需要的基本功的东西有：语文、英语、数理化、历史地理、生物、体育、钢琴加古筝（中西方两种乐器）、演讲沟通能力、自学能力、适应环境的能力、谋生的能力。

至于流行的东西非常多，今天流行鸟叔的骑马舞；明天流行《民族风》；后天流行刘德华的《男人哭吧不是罪》；再过几天又流行江映蓉；不知道哪天又流行吉克隽逸。你会发现永远有新的流行的东西诞生，也永远有原来流行的东西消失。我曾经为张瑜疯狂（《庐山恋》女主角），可是，她很快就消失了。后来我又喜欢丛珊（《人生》女主角），再后来我又喜欢章子怡、赵薇、林心如、范冰冰、李冰冰、倪妮、安以轩、桂纶美、Angelababy（黄晓明要气死了）等等。我相信，以后还会有新的流行明星出现，我还会喜欢新的明星。一生一世，永永远远有新人。长江后浪推前浪，前浪拍在沙滩上。但是，明天能再出现李白，后天出现杜甫么？你帮我去造几个看一看？

贝多芬只有一个，齐白石只有一个，柳永只有一个，李清照只有一个，关汉卿只有一个，成龙只有一个，李连杰只有一个。流行来得快，去得也快。只有经得住时间考验才能成为经典。

我们中学时代，就是要学那些已经成为经典的人或作品。其实，这就相当于你经历了五千年的中国，和五千年的欧美。也相当于你当过唐朝的诗人，宋代的词人；也相当于你是恺撒；也相当于你是哥白尼；或许还相当于你是牛顿或爱因斯坦。其实，我们中学六年，相当于我们粗略地把世界上下五千年的政治、经济、军事、文化、科技、教育、历史、地理、音乐、绘画、工业、农业、畜牧业全部都体会经历了一遍。所以，我说，中学决定一生。如果在走遍世界上下五千年的过程中，你用心了，那么，将来你就可以继续详细地走一遍。如果你没用心，那么，这一生你就没机会详细地走了，你就会被时代淘汰，你就会出局。年年岁岁花相似，岁岁年年人不同。今天在同一个教室里上课，20年后就会有人上天堂，有人下地狱。而走哪条路的决定权就在你手上，就在你的中学时代。（极少部分人除外）

经典需要长时间地学，需要从小培养。而流行的东西，随时随地都可以学习。比如说，你不会发手机短信。但是，你只要用十分钟就可以学会发微信。我在讲课的时候，我的很多学生问我：

中学决定一生

"王老师！为什么您能讲 5 天课，而内容不重复呢？"

每当这个时候，我心里就想，这是我几十年积累的结果。如果临时报佛脚，那么，我就会永远像个小学生那样，结结巴巴地说，因为这些东西是我刚学的，我自己都不会，所以，我边想边说，自己都不知所云。

总之，快餐虽然做得很快，但他永远没有满汉全席那样好。既然我们中学生有时间做满汉全席，为什么急于做快餐呢？等将来时间紧，任务重的时候再做快餐。方便面有你吃烦的时候。

# 第二篇

# 我的中学时代

从小学被开除到北大三好生，我只用了六年时间。中学六年的过程，是一个剥离的过程，是将幼稚剥离，诞生出成熟的过程。"九层之台，起于垒土；千里之行，始于足下。"良好的开端是成功的一半，中学阶段要学会接受自己的自卑与不完美，激发改变自己的热情……

## 中学决定一生

## 我从哪里来

中国的幅员非常辽阔，在这辽阔的土地上有一个风景如画的小城 M 市。很多南方人也许不知道这座城镇的名称，但她确实是北国疆城的一颗璀璨的明珠，镶嵌在松花江畔。M 市是一座依山傍水的小城。北边有松花江水日夜不停地流淌；南边有四丰山绵延千里，连绵不断。秀丽的山川将 M 市装点得绚丽迷人。山水又将城区裁成东西狭长，南北较窄的格局。

城市的人口不多，只有五六十万人，算上郊区也只有 100 多万人口。这在中国的地级市中是个很普通的小城市。我家就住在市中心的一条小河旁。我们一家共有 8 口人，爷爷、奶奶、爸爸、妈妈和我们四个孩子。一间 15 平方米的平房，一铺大炕从南到北，占去了大部分空间。外加一个小小的厨房，屋外还有一个小院。这就是我的家，是我生活和学习了 19 年的地方。

我于 1965 年 5 月 12 日出生在 M 市。从我出生的那天起，就开始了不寻常的痛苦与磨难，是祸是福？是幸运还是不幸？在经过了若干年后，我深深地感觉到，我童年和少年时代的困苦与磨难对我一生的作用非常巨大，没有这一时期的肉体和精神上的折磨就没有我日后坚忍不拔的毅力，更没有克服常人无法克服的困难的勇气。艰苦的生活，磨练了我的毅力，也培养了我吃苦耐劳的品德。古人所说的天将降大任于斯人，必先苦其心志，伤其筋骨，饿其肠胃，以磨其志。所以艰苦的经历，使我养成了很多良好的习惯。但是，这一时期的经历，也给我幼小的心灵蒙上了一层阴影，有时会有一些自卑，有时会有一些过高地估价自己，造成一些不必要的心理偏差。所以对一个人的童年来说，要有一定的吃苦经历，但应有一定的限度。总体上来说，我的童年、少年和青年时期的经历是其他大多数同龄人所没有的，它成了我后来人生观形成的强大的思想和心理基础。

在我的记忆中，4岁以前我的家庭还是比较正常的。那时候，虽然物资非常困乏，但全家人在一起却也其乐融融，生活比较开心，没有什么大的风波。

我父亲是我们全家的顶梁柱。他性格很开朗，口才也非常好，是M市第二中学（重点中学）的高中毕业生，在解放初期算是大知识分子了。据我父亲后来跟我讲，他高中毕业后就分配到M市市政府人事局工作，专门负责退伍军人的安置工作，手中的权力太大，经常会得罪一些人。当时又赶上机关干部下放农村劳动改造，而农村的劳动条件非常艰苦，于是，我父亲毅然决然地放弃了政府机关的工作，辞职当上了一名靠体力和技术生活的工人。

父亲开始当电工，工作了两年以后当上了师傅。有一次，父亲带着徒弟到几十米高的烟囱上安装避雷针。当时工人是与水泥、砖瓦一起坐升降机上烟囱的。当升降机上已经装满了这些建材以后，操作升降机的工人来催我父亲和他的徒弟赶紧上升降机。我父亲与徒弟正聊到高兴的时候，就说："你先把机器开上去吧！我带着徒弟坐下一趟"。于是父亲与徒弟继续聊天。

突然，有人大呼："出事了！出大事了！"

我父亲顺着人们指的方向看去，脸当时就白了。就是刚才父亲和徒弟要坐的那个升降机从几十米的高空掉下来了，连升降机带水泥、砖瓦洒了一地。人们非常惊慌，而最惊慌的就是我父亲。他的心情是最复杂的，他为自己躲过这场灾难而庆幸，但更多的是后怕。"如果我与徒弟没有聊天，如果我们两个坐了这趟升降机，那么，后果不堪设想。"父亲越想越怕，最后毅然决定辞职，离开这危险的工作。

父亲后来又当了火车列车员，这一次又是一次短剧。我的一个远房亲戚在省铁路局担任较高的职务，一心想提拔我父亲，于是，让我父亲先从列车员干起。我父亲也一心要大干一场，便早早地来到了单位上班。第一次当班是跑短途，父亲穿上铁路制服心情不免有些飘飘然，但是，当他开始工作以后，这一切的欢喜便荡然无存。原来列车员的最主要的职责是打扫卫生，这是我父亲接受不了的。

"干这东西呢，我才不干呢，我市政府都不干，跑这儿扫地来了，不干了。"我父亲每次谈到这件事的时候，总是这样发牢骚。于是，父亲又辞职了。

"当政府干部得罪人，有风险不行；当技术工人有生命危险也不行；当列车员扫地，咱丢不起这人。干什么好呢？干脆经商算了。"

于是，父亲来到了 M 市市医药公司当上了批发员，一干就是一辈子。医药公司虽然没有风险，但是，也没有前途。我父亲在医药公司蹉跎了一生。整天忙忙碌碌，却一事无成。晚年的时候，父亲后悔得肠子都悔青了。于是我父亲就将他的理想和抱负全转到我的头上来了，影响了我的一生。

父亲常教育我：

"人一辈子不能太斤斤计较，不能太胆小怕事，胆小不得将军做。也不能太短视，不能只看眼前，要看长远一些。要能吃苦，敢担责任，也要能忍一时的寂寞，大胆地干，一直干到死。"

父亲的教诲主要是针对他自己的失败而发出的，可我却不认为只针对他自己，更适合我。以后我就是接受了父亲非常多的建议，才能够挥洒自如地应对各种困难。

我母亲也是个很有特色的悲剧人物。

母亲与父亲同在一个村，后来父亲到 M 市上高中，毕业后就留在了城市。后来我的父母就结婚了。（不用介绍，他们从小在一起玩大，还用人介绍？我这么认为。）

我母亲在当时的农村也是一个才女。十几岁就考入了齐齐哈尔市中专，学习话务专业，毕业后被分配到 M 市电影院当广播员。按当时的情况来看，我父母的命运是非常好的，但是，他们自己却没有把握好命运。母亲工作若干年后，我哥哥出生了，从此母亲的命运发生了根本的变化。

有一次，我哥哥的脚崴了，整天不停地哭，谁也劝不了。当时母亲吓坏了，也心疼坏了，很怕孩子出什么意外。于是母亲心一横，就辞职回家看孩子去了，从此再没有上过正常班。

母亲离职后，又过了一段时间，便得了重病，从此，开始一生的痛苦与悲哀。而那次得病，却是一次意外。

那年夏天的一个夜晚，天气很热，我全家人睡觉没有关窗户。到了深夜，忽然来了一个小偷，偷了一些东西想跑。正巧父亲醒了，就与小偷打了起来。父亲在屋里往回抢东西，小偷在外面往外拽东西。双方相持不下，势均力敌。这时母亲被吓醒了，一下就被吓得神经失常了。从此，整个一生母亲的病都没有治好。有的时候像好人一样，有的时候，就不知道自己是谁了，终生痛苦，57 岁就去世了。这是后话。

我们一家 8 口人，除了父母之外，我还有两个姐姐和一个哥哥，隔辈还有爷爷和奶奶。在这里不能不提一提我的爷爷，他也是一个传奇人物。

## 中学决定一生

　　爷爷出生在光绪 26 年，也就是 1900 年。那时，我的老家在吉林省榆树县。当时的东北非常乱，到处都是土匪、沙俄士兵、日本士兵。这些人搅得人们不得安宁，富裕的人家都养了一些民兵。我们家当时是一个大户人家，家产很多，所以，养了 30 多个民兵。这些民兵归我爷爷带领，因此说，我爷爷是家里的民兵排长。爷爷整天挎着枪，带着一群弟兄，倒也威风。

　　可是好景不长，我们家当时由爷爷的一个哥哥当家。这个哥哥赌性成瘾，很快就把偌大的家业败光了。等到解放的时候，我们家已经一无所有。正是由于这次破产，我们家被划成了贫农，倒也因祸得福，否则肯定会被划为地主，"文化大革命"期间一定是在劫难逃。

　　解放以后，我爷爷就带着我奶奶到处游荡，一会儿去牡丹江，一会儿去 M 市，最后，到了 M 市的郊区柳树岛定居下来。到了最后，爷爷既不是农民，也不是工人。既没有农民的土地耕种，也没有城里工人的退休金，一切靠我父亲养活。生活没有任何依靠，只能靠我父亲。记得我小时侯，最常做的一件事情就是陪父亲、哥哥给爷爷送粮。我们从粮店买好粮食，用爬犁拉着走 10 多公里的农村土路，将粮食送到爷爷家里。年复一年，周而复始，一直到爷爷故去。

　　"你爷爷这一辈子，太不务正业，一辈子飘来飘去，最后一事无成，你一定要记住这教训。必须有恒心，必须要务正业"每当谈到爷爷的时候，父亲就这样教诲我，表现出很大的不满。

　　我的爷爷、父亲就是这样的两个人。他们自己一生一事无成，因此就把希望寄托在我身上。不过，话说回来，他们没做出什么成就，但却积累了很多反面的教训，给了我很大的启发，尤其是当我上了中学，懂事了以后。

## 父母病倒　家庭陷入瘫痪

　　我母亲在我出生以前就病了，但早期并不太重，直到我 4 岁以后，我母亲的病才开始严重。我母亲病好的时候，与正常人没什么两样。但是，当病魔来到的时候，却是十分严重的，我们全家人的正常生活就全被打乱了。而这时我父亲又得了严重的支气管扩张，大口大口地吐血。每次吐血都要住院治疗很长一段时间。而经常是父母一起病倒，我们 4 个孩子还小，爷爷奶奶年事已高又需要照料，全家陷入严重的危机中。父亲住院需要营养，母亲重病需要照顾，哥哥姐姐们上学要交学费，要买文具，这一切使原本紧张的经济状况更加雪上加霜。

　　从我 4 岁开始，我的营养就严重不良。那时侯，我身体正在发育，每时每刻我都感到饿，但是，家里经常是有了上顿没下顿。每月过了不到一半，家里就断钱断粮了。父亲到处去借钱，发了工资去掉还债又所剩无几，然后再借。这样的日子持续了多年，直到我上大学才改变。所以，我的身体一直不好。那个时候正是"文化大革命"，贫穷是每个中国家庭的重要特征，只是我们家是那个时候的形象代言人罢了。

## 苦难是什么

　　1973 年 3 月 1 日，我怀着无比喜悦的心情踏进了五七小学的大门。那时侯小学就近招生，五七小学是离我家最近的两所

## 中学决定一生

小学之一（另一所小学是我后来转去的立新小学）。当时一年级共有 6 个班，我被分到了一年级 3 班。当时的我对学校生活充满着无限的幻想。记得报到的第一天，我被安排在倒数第二排。当时我们学校的桌椅非常紧张，我们三个同学坐同一把椅子。旁边是两个男生，中间是一个女生。我们三个人坐着都很挤，哪能上课注意听讲呢？我们三个人永恒的主题就是打架，而且是两打一。上课的时候一会儿那个男生挤了女生，那个女生就挤我。我立刻就拿胳膊肘顶她，她就和我打，然后就是互相用手打，用脚踢，张口互骂。有的时候我挤那个女生，她就挤另一个男生，一场战争就又爆发了。

就这样我痛苦地开始了小学生活，学校谁也不学习，男生整天聚众打架，女生整天八卦，学校乱成一锅粥。我也整天跟着混，但是，我家的困难生活却是无法混下去的。

我们家在这个时候生活已经到了相当艰辛的程度，一个月有 10 天断粮，一到了该买粮的时候无钱可用。当时生活的开销是严重的入不敷出，冬天要买几吨的煤，上千斤的大白菜，平时要交各种各样的钱，父母、爷爷、奶奶看病费用等更使原本紧张的经济状况更加雪上加霜。在这样的情况下，我们每学期开学要交 5 元钱学费，却给我出了个大难题。现在看来钱不多，但在当时却是一笔不小的开支。

我交不出学费，老师就把我赶出校门，要我回家拿钱，拿不来钱就别来上学。可是我回家找父亲也没有用，尤其是看到父亲被生活压得喘不过气来，我哪还忍心要钱呢？于是我背着书包开始流浪，既不能回家，也无处可去，就像一条无家可归的小狗，游荡在大街上。

那时候，我经常到松花江边，看着茫茫的江水发呆，内心充满了无限的凄凉与悲伤。经常是一看就是半天，估计快到中午的时候，就回家了。家人还以为我放学回来了呢，也就无人怀疑。

第二天，我早晨背着书包又出门了，去哪里呢？我想尽一切办法，但还是想不出来去哪里。干脆见车就上，坐到终点站再坐回来。因为身体矮小，坐车不用花钱。这样公共汽车就成了我避风挡雨、遮挡风寒的避难所。有时，我一坐就是一天，一个人在公共汽车上漂来荡去，内心还是充满了无限的孤独与悲哀。也有时候，我坐车到我住在郊区的舅舅家。每次有人问起我怎么没上学？我就说学校今天没上课。但是，天长日久，我舅母产生了怀疑：

"你们学校怎么总也不上课？"

我的回答更干脆：

"学校最近修教室，不上课。"

但我心里明白，舅舅家也不能再去了。于是我又在街上闲逛，直到父母给了我学费，我再去上学。于是旷课就成了我的家常便饭。由于我一个人没交学费，老师就不能把其他人的学费交上去，直到收齐全部学费，老师才能把学费交到学校。每次都是因为我没交学费而耽误老师上缴学费，因此，老师对我的印象差极了。

当时的班主任老师是一个30多岁的女老师，辫子很长，同学们都称她为"袁大辫"。她的正式姓名反倒无人在意，就是这个我人生最初阶段的老师的粗暴做法，在我幼小的心灵中留下了永不磨灭的恶劣印象。我时常犯各种小错，她就拽着我的头往墙上撞，要么用拳头往我的胸上打。打一拳，骂一句：

## 中学决定一生

"看你以后还敢不敢了？"

然后再打一拳，再骂一句。开始时，我默默地忍受，到后来我就用小拳头回敬她，她就高喊：

"学生还敢打老师？"

明明是她打我，但却成了我打她，于是她对我又是一顿拳打脚踢。到最后吃亏的永远是我。我又被老师赶出校门，重复着前面的故事。那时正是"文化大革命"的高潮时期，学校的老师简直不是老师，素质极差。按今天的标准，他们大部分都该开除。不要说平等、民主这样的奢侈品，就是一点仁慈的同情心都没有。

更可恶的是，在老师的教唆下，同学们也经常欺负我。最后给人的感觉是有什么坏事都是我做的，我的处境更不好了。于是，我只能跟班里最差的同学来往，越变越差，越差老师越看不上。老师越看不上我，我越淘气，进入了恶性循环的旋涡。

有一次，全班同学到农村去劳动。我们走了五、六公里的路，好不容易才到了农村。可刚到不久，老师就接到一群坏同学举报，说我乱说话。老师不分青红皂白就把我赶了回去，我也很倔强，转身就走，根本没想这是在农村。我赌气走了以后才害怕起来，在那荒郊野岭究竟该怎么走啊！我一个人边走边问路，心里充满了恐惧和悲伤，我记不清当时自己有没有流泪，但我的心不仅在流泪，而且在流血。走了很久，我好不容易才回到家。我想稍有一点责任心的老师都不会这样做。假如我那天走丢了，老师一定会污陷我自己不愿意劳动逃跑了，责任自负。好在我平安到家，一切都有惊无险，万事大吉。第二天，老师非但没问我的感受，反倒劈头盖脸地继续批评我，我感到恶心。

## 第二篇：我的中学时代

那时，我最好的"朋友"有三个：饥饿、寒冷、孤独。

这三个"朋友"交相呼应，犹影随形，时而同时出现，时而先后出现，伴随我走过了五年半的时光。

由于家庭的缘故，我经常早晨不吃早餐就去上学。遇到冬天，零下20多度的寒冷天气，我穿得又少，浑身上下冻得发抖。即使这样我也要在寒风中度过一个上午。当时我的体质非常差，但最令我难受的还是心灵上的创伤。我每天的心里都万分孤独，有家不能回，有课不能上，街道马路是我的课堂，尘土冷风陪伴着我，这样的境遇也得忍受。

那时我家的邻居中，也有一些条件好一些的。有的家经常吃包子，我谗得直流口水，有的家经常吃饺子，我更是谗得受不了。受不了也得受，没办法。当时，我有一个好朋友叫小伟，他们家生活条件在当时是非常好的。每个星期天上午都包饺子，我羡慕的不得了，小伟有时候就偷偷地给我拿几个吃。说偷偷是因为谁的家长也舍不得让孩子给别人饺子，所以小伟总是偷偷给我。我当时总在想，以后有钱了一定天天吃饺子。后来，上了大学，在食堂里最便宜的就是饺子，我天天吃饺子，也算是实现了心愿吧！

由于长期忧伤，我的身体很不好。在我9岁的时候，我得了吐血的病，大口大口地吐血（是不是父亲的遗传，我不好说，但是营养不良却是实实在在的原因）。我得了病又不忍心对父母说，家里已经够乱的了，我不能再添乱了。所以，我只好偷偷地喝云南白药。这药在当时是最好的止血药了，确实大大地缓解了我的病情。可是从此，我的心中又多了一个包袱，不敢过于激烈运动，运动稍微过量就吐血。一切的苦水、泪水只能自己往肚子里咽，什么都不能说，跟谁都不能说。一切似乎坏到了极点。

# 苦中有乐

但生活永远都是公平的，我的童年生活还有快乐的一面。

我家旁边有一条小河，叫杏林河。河的上游有一个湖叫人造湖。湖的旁边是一座山，叫假山，是人造的但也有近20米高，面积很大。这一山、一湖、一河却成了我儿时的乐园。杏林河不宽，只有10米左右，我们夏天在河里捞鱼。有一种网叫抬网，我们将网放到水里，网中央放上鱼饵，每隔一段时间就用木棍将网抬起，里面就装满了各种各样的鱼。我们经常一排人站在河岸上，人手一网，谁先起网，就会惊跑邻近网里的鱼，大家经常为此争吵。后来年岁稍大一点儿的提议，大家同时抬网，就一起收获了，谁也不影响谁。这是当时我们最好的捕鱼方法。

冬天来临的时候，我们高兴极了。河面上结了一层厚厚的冰。我们在冰面上玩各种雪撬，有单腿的，也有双腿的。最有意思的是单腿的。人蹲在上面，用两个长木钎嵌上铁钉，用力撑冰就可以滑走了，速度飞快。大家相互追逐，或一个人抓其他人。但时间长了这些都没意思了。于是，我们发明了一种新的玩法。

大家用铁钎把冰刨开一个大窟窿，然后从上面滑过去。只要有人能从上面过去就再加宽，直到没人能过去为止。我经常能过得很宽，尤其别人都不敢过的时候，我就更要过去。每次到了最关键的时候大家都问：

"谁还敢加宽？"

"小二敢。"

"小伟敢。"

小二是我的小名。于是，我与小伟就继续加宽。小伟很聪明，加宽到一定程度以后，他就退回去了。于是，只有我一个人继续加宽。这时候我的心情特别兴奋，大家都非常羡慕我，我也更自豪。就在大家一片夸奖声中我飞跃了最宽的水面，付出的代价就是我掉进河里了。我赶快从水里爬上来，全身都是水，在零下20多度的天气里，结局是可想而知的。等我跑回家的时候，我的棉袄、棉裤都冻上冰了，我快速地脱掉衣服，钻到被窝里驱赶严寒。家里人只要看见我白天钻到被窝里就知道我又掉进河里了。

从假山上往下滑，是更有意思的一件事。我们坐在爬犁上往下滑，爬犁越重滑得就越快。我们经常两个人坐一个爬犁，每当一条路滑得非常熟了的时候，大家就厌烦了，于是我们就开辟一条新的航线。越开辟新航线就越危险。有一次，我坐在邻居小伟家的钢筋爬犁上往下滑。这个爬犁非常重，因此滑的速度也非常快。当我们快要到山下的时候，也是速度最快的时候，前面突然遇到了一棵大树。这时候想躲闪已经来不及了，只有眼看着自己撞到了这棵大树上。我使出全部力气用右脚一蹬，眼前一黑，就晕过去了。

等我醒过来的时候，我的右腿和右脚痛得犹如钻心一般，因为在我即将撞到大树的一瞬间，我本能地用右脚蹬在了树上。结果牺牲了右腿，保住了性命。尽管我用腿蹬在了树上，爬犁的钢筋还是被撞弯了。如果不是我用右腿保护，即使我人不死，也会终生残疾的人。现在想起来我还是后怕。当时我在地上翻滚，久久不能停下来。最后，同伴们用爬犁把我拉回家。我父母又把我送到医院，进行了治疗。结果我不得不拄着拐，站着看别人跑来跑去，忍着巨痛度过了漫漫的严冬的三个月。感谢上帝，我没有留下任何后遗症。否则，今天的王文良就不是现在这个样子了。

经过这次事件后，我想了很多。我想自己太鲁莽了。每当有了一条新路，没人敢滑的时候，大家就异口同声地说：

"小二敢！"

或者"小伟敢！"

但是，小伟每次都是适可而止，只有我总是再冲锋，最后"壮烈牺牲"。每次我毫不犹豫地冲上去，从来不考虑自己有没有把握，也不管前面有多少危险。归根到底是自己太争强好胜，同时太好炫耀自己。这是我屡屡受伤的原因。但后来这种争强好胜的性格却使我从一个学习最差的学生变成了全校的第一名。可见任何事物都有其两面性。也许用在某一方面是坏事，但用在另一方面却是好事。这就是人生的辩证法。我在做这些游戏的时候，每次我都想突出自己，表现欲极强，后来在学习的时候我也要突出自己，表现自己，学习不好死不罢休。这就是一个人的性格，它体现在各个方面。我的这种性格难道不就是是奋斗的精神，进取的精神吗？

还有一次，我在医学院的院里上树摘核桃。佳木斯的核桃树与北京的核桃树完全不一样。北京的核桃树很矮且粗，而佳木斯的核桃树却又细又高。我爬到了七、八米高，但再往上一点就有好几串大的核桃，于是我咬了咬牙就又上了一米多高。这时我所在的位置的树只有鸡蛋那么粗，只听咔嚓一声响，连树带人一起掉了下来。我是横着掉下来的，怀里抱着断了的树枝，仰身摔了下来。幸好下面是一个沙滩，我免于一死，否则必死无疑。无论谁在八、九米高的地方横着摔下来，活的可能性都不大，何况我当时还小。尽管是沙滩，我掉下来的时候，依然是五脏俱裂，我很久很久才缓过来，躺在地上呻吟，同伴们都跑了过来，拍着手叫好，高喊：

"小二摔下来了！小二摔下来了！"

大家开着玩笑，但当他们看到我死去活来地在地上翻滚，才发现真出了问题，他们就再也笑不出来了。大家七手八脚地把我抬回了家。后来我过了十多天才好。以后再上树我都留一定的空间。我一直在想，不能因为掉下来就不敢再上树，也不能因为撞了树就不再滑雪了。只是今后要十分小心，为什么别人总没有问题呢？因为他们量力而行，而我总是不自量力，今后一定要胆大心细。做什么事情的时候一定要考虑考虑。

还有一件事情对我的影响很大。一天下午，我们家附近的几十个小孩一起到酱菜厂去给消防队打电话，诈称这里着火了。大家都想看消防车空跑一趟，好从中取乐。我觉得这件事情太过分了，于是在他们进了酱菜厂值班室要打电话的时候，我对着酱菜厂的打更人员高喊：

"大娘，没有地方着火，他们骗你呢！"

老太太一听这话，气得把进去打电话的几个人一起打了出来。他们出来后，就把怨气全都发在我身上了。有几个平时和我关系不错的人，此时也怪我多事不理我。几个稍大一点的人一起来打我，我就反抗。我们打在一起，最后我伤痕累累，现在我的左眉毛上还有一个小疤痕，就是那时候被同伴们用木炭烫的。现在这个小疤痕成了我小时候不多的几个值得骄傲的事情的一个见证。后来当我考上北大的时候，我小时候的玩伴对我说：

"小二，我觉得你跟我们没什么区别，怎么你就能考上大学，而且是北大。我怎么不明白呢？"

我也开玩笑地说：

"我跟你们大体一样，但我比你们有正义感。"

我这里所指的正义感就是指这件事。

另外，很少有人体会过不打麻药手术的滋味吧？我却亲身体验过。有一回，我与同伴玩儿打架，我们七、八个人摔在一起，我被压在最底下，正巧有一块玻璃将我的左手划了一个大口子，四、五厘米长，骨头都露出来了。看到我负伤了，几个同伴将我送往医院。到了医院大夫就给我打麻药，可打完麻药后大夫才知道我没带钱，于是就叫我的同伴回家去拿钱。当时家长都在上班，没办法拿到钱。等到晚上他们把钱拿来的时候，已经过了几个小时了。这期间我用纱布包着伤口，纱布已换了几块了，可直到交了钱才开始缝针，痛得我用脚直跺地，嘴里大喊大叫。大夫却说：

"别叫别叫，缝针都这么痛，一会儿就好了。"

于是我咬紧牙关，再也没叫。后来听人说，缝针不是很痛，我还与他们争辩说打了麻药也很痛。一直到我后来又做手术真正打麻药，我才知道当时给我打的麻药已经失效了。这就是那个时代的大夫。现在想起来这已成为笑谈，但和平年代能经历一次只有战争年代才能有的事情也很有意思。经过这次体验我才真正理解了关羽刮骨疗伤的伟大之处。

还有一次我扁桃腺发炎，非常重，连喝水都无法下咽。我父亲就带我去 M 市医学院附属医院看病。大夫用小镜子套在眼睛上给我看了看，拿起一个锥子从我嘴里伸了进去，然后就使劲搅，把我的扁桃体搅了一个大窟窿，脓和血全都流出来了，大夫告诉我没事了。当时他搅一下，我就痛得从椅子上往起跳一下，大夫与我父亲就按住我，还告诉我说：

"这样就把里边的炎症搅出来了。"

那次也没打麻药。我再次经历了这种痛苦。

我们每天、每月、每年都有新花样翻新，在这无穷无尽的游戏中，我感到无限的兴奋与喜悦，也经常忘记了饥饿与痛苦，婉若显克微支的作品《你往何处去》中的基督教徒们在追随上帝的过程中忘掉了苦难，忘掉了危险一样。我过得很快活。

我在这一时期的生活有很多的冒险经历，这些经历使我对困难养成一种毫不畏惧的思想，同时形成遇到困难不躲不推的性格特点。这些特点在我学习方面体现得淋漓尽致。我刚上中学的时候，什么也不会，如果换了别人，也可能就畏惧困难，知难而退了。但我却明知有困难，偏要战胜困难，这就是小时候形成的敢于冒险，敢于创新的特点。

另一方面，我少年时期的闯荡，使我对失败和挫折养成不屈不惧的性格，所以在进入社会以后，虽然早期失败得很惨，但我能尽快爬起来，分析自己的不足，马上能取得更大的成绩。

经历社会，认识社会，早认识比晚认识好。因为人在年轻的时候适应能力强，遇到挫折容易从头再来，跌倒了可以爬起来，可以擦干泪水，抹平伤口再来。有很多人早年得志，忘乎所以，等到中年突然遇到挫折，便一蹶不振，有的甚至一命归天。

英国首相丘吉尔的父亲就是这样一个例子，他早年特别成功，很年轻就当上了大臣，可谓少年得志。有一次，他的意见没有得到首相的认可，他便以辞职相要挟，以为首相一定会挽留他。但是首相并没挽留他，他因此辞职，从此再无得志，整日郁郁寡欢，中年便与世长辞，留下孤儿寡母，成为极大的悲剧。

## 中学决定一生

## 小学被开除，转学，再遇恶魔

我在不知不觉中已渡过了两年的时光，进入了小学三年级，但我并没有学到什么知识，除掉3000常用字中的前一点字以外，我不会其它生字。在数学方面，由于小时较为聪明，往往算术方面常出奇制胜。但总体说，除了数学以外我远远地比同学落后了，而且我常常被人打，也常常打人，再加总被小人陷害，我成了全校最坏的学生，学校决定把我开除。校长把我的父亲叫到学校，强烈要求开除我，我父亲与校长据理力争，但学校认为没有商量的余地，只能开除。摆在我面前的路，只有一条，就是离开这个学校。

我在 10 岁的时候，遇到了人生的第一次真正的危机。一个 10 岁的孩子不上学干什么去呢？如果直接走进社会，后果不堪设想，因为一旦进入社会，周围的人莨莠不齐，一旦将你领入歧途，你再想回头就难上加难，你的一生就毁了。

直接参加工作真是太危险了，因此，父亲打消了这个念头，找了一个熟人，求爷爷告奶奶要把我转到了另一个新的学校。那个新的学校叫立新小学。当时找一个熟人办转学很难，因为原学校不给开证明，我父亲只好又低声下气地求人，好在原来的学校只要把我轰走，轰到哪里都行，这才给我开了证明，我也开始了一段更讨厌的生活。

我父亲和我都满怀希望地以为能开始一种新生活，但谁知刚离开狼窝又入虎口。新到的学校离我家也不远，但我在心理上却觉得它十分遥远。它对我的伤害一点也不比前一个学校少。

我转入新学校后的班主任是一位头脑复杂、对人凶恶、嫉妒心极强的中年女性。她爱烟如命，每天烟不离手，骂人话不离口，是我小学时代的第二恶魔。在我报到的第一天，她就对全班同学说：

"外来的学生没他妈的一个好东西，好东西能转学吗？"

就是在她这种思想的毒害下，我倍受摧残。下课后，全班男同学一起欺负我，当时全班打架最厉害的几个人成为欺负我的主力。他们经常几个人一起来欺负我。有一次，五个人一起来摔我，其实我跟他们其中的一个人相差不多，若是两个人就完全可以摔倒我。但五个人从五个方向用力，其实正达到一种平衡，所以他们没能摔倒我，反被我伺机将一人摔倒。我坐在了他身上，由于我心理上对他们十分反感，因此，我用力非常大，有一种拼命劲，最后他们屈服了。我们打了个平手，谁也没胜，谁也没输。

从那以后，班上的男同学不再欺负我了，因为当时的几个带头的被我制服，其他人也就随风而倒了，我在班上的处境也好多了。在以后的岁月里，我成了男生中的打架最厉害的人，说话很有影响力。我们一起出外玩的时候，我就充当了组织者的角色。但实际上一切具体事由原来的同学负责，我犹如政委一般，不过问具体事情，也很少跟他们一块儿出去玩。我总觉得自己是游离于他们之外，但又偶尔跟他们一起玩。这种不即不离的关系反倒使我更具权威性，在班上的威信也越来越高。

那时我最得意的地方就是我的数学成绩特别好，也许是大家都不太爱学习的缘故，我的数学成绩在班上数前几位，但其他几位数学好的人多数是女生。那时班上男女同学是不说话的，除彼此打架外，从不来往与讲话，因此，我的这群朋友们就只有向我借作业本抄作业了。

那时，我们实行谁先算出题谁先交老师评分，然后就可以下课了。每当数学课我就非常得意，有时能全班第一个算完题，但我往往是随大家一起去交作业题，因为每当我做完作业，就听见同学喊"良子，算术"。然后就是我的本不知传到哪里，很久才又传回来。时间长了，我在这些同伴中的地位与日俱增，以至我被这些朋友推选为校三好学生，这在当时是想都不敢想的事情，但却是实实在在的。

然而，我们老师却另有一番打算，在开学典礼发奖时，受奖的不是我，而是另一个人。他的母亲也是我校老师，且与我们班主任关系很好。我当时十分气愤，回家后我把这一情况跟我父亲说了，我父亲反来安慰我说：

"是不是三好学生没关系，只要你少惹事，我就很高兴了。"

我听了父亲的话，虽然心里不舒服，但我从此再也没提这件事，我对人间的冷暖也有了进一步的认识。

在这段日子里，我把同学带到我家去玩，也就把他们介绍给我的邻居伙伴们。我们的力量就更大了。我们经常一起去山上滑雪，我教会了我的同学们滑雪和滑单腿爬犁。在他们眼中我是无所不能的。

当时，我们家向南100多米就是杏林河，我们以河为界，将市区划分为两部分，俗称"桥南"和"桥北"。我家住在桥北。桥南和桥北的孩子们，不知从什么时候开始，也不知为什么，便进行了无休止的争斗。凡是从桥南来桥北的孩子，我们一律盘问"桥南桥北？"若是桥南的免不了被打得头破血流，反之，桥北的我们到桥南，也会受到同等的特殊"待遇"。

有一次，我带着我的同学们去杏林湖滑雪，当我们二十几个人登上山的时候，我们才发现我们被桥南的几十人包围了。而且人数越来越多，因为这一地区是桥南人的领地，我们处境极其危险。他们手中都拿着木棒和铁链等。危急中，我们折断小树做武器，从山上向下拼命地冲去，结果，我的同学"胖子"的帽子被对方抢去，我们也抢了对方的一些东西。由于在桥南人的行列中，有一个人是我的邻居的同学，我们认识，由他出面谈判，交换回各自的东西。

通过这一事件，我深深地感觉到，人的潜力是很大的。当人们为了保住自己的性命而进行决战的时候，人们能超常地发挥其潜能。同时，如果一个人拼命去做一件事情的时候，在他的面前就没有克服不了的困难。只要我们奋力拼搏，就没有做不到的事情。几年后，我上中学后，就是靠着这种拼搏精神，补上了自己与别人的差距，而且从后进变先进，最后考上北大这一全国最高学府。

从这一事件中，我也体会到了人生的坎坷，我们随时都有可能遇到很多自己意想不到的事情。我们必须时刻努力去争取自己要做到的事情，但心里时刻要有最坏的打算，时刻预防最坏的事情发生。这一点在我后来的道路上被多次地印证了。在我即将要留学的时候，却意外地被取消资格；在我任业务科长非常顺利的时候却被意外地撤职。因此，在后来的哲学学习中，我更深地体会到了事物发展变化的规律。成为我日后克服困难的心理依据。

在我转入新学校后，旷课、打架、受罚、被赶回家仍然是家常便饭。但我心里非常不服，我一直认为我是一个很好的人，我受到老师的欺侮是不公平的。越是这样想，我越要抗争，越抗争就越吃亏，我就是在这种恶性循环中受煎熬的。

## 中学决定一生

有一次，我没去上课，老师又让我找家长，我回家后告诉了我父亲，我父亲也没有埋怨我，只是问我该怎么办？我就告诉父亲："你就说我们家去买煤，我跟你一起去买煤，来不及请假，所以没去上课。"

我父亲到学校对老师讲了上述话，但老师将信将疑，可又无可奈何，这件事就这样不了了之。这是我第一次看到我父亲说谎。父亲为我说了谎，却一句责备我的话也没说，我很受感动，暗下决心，今后一定不给父亲找麻烦。

从那以后，谁再打我、骂我，我也很少还手、还口，尽量息事宁人，在学习上也用一些心了。当然用心程度还不大，那时更多的精力仍然是放在玩上。我想如果当时我父亲是另一种做法，对我大打大骂，我的态度也许就会有很大的不同，我可能会表面听父亲的话，但暗中仍然我行我素。可我父亲不批评我，我反倒非常自责，觉得自己对不起父母。后来，我做了父亲，我才感觉到，子女淘气是多么让父母费心、生气。我的父亲居然能如此宽容我，可见当时父亲是多么疼我。

从那件事以后，我尽量与同学、老师搞好关系，老师上课时让我去给她买烟，我就毫不犹豫地为她买烟。但老师对我依然不好。我无话可说，只好有苦往肚子里咽。用游戏来代替在学校的不快。

那时我们常常到松花江去游泳。我很小的时候就会游泳，而且游得很好，这时就更加迷上了游泳。在与风浪的搏斗中，我充分地体验了奋进的快乐和自由的喜悦，很多次旷课，我差不多都是去游泳了。小时候旷课无处去，现在长大一些，就敢去游泳了。尽管游泳是很令人愉快的，但是，很多的意外却令人不堪回首。

有一次，我们几个人一块儿去游泳，由于到游泳区要绕很远的路，而从船坞直接游过去会缩短很多路程。可船坞的水非常深，所以水性不好的人都不敢从此游过。那时，我的游泳技术相对来说还不高，力量也不够大，根本无法游过去。但我为了省力，就决定游过去。当我游到船坞中心的时候，我已筋疲力尽，一米也游不动了，只觉得天昏地暗，身体象有铅坠着一样往下沉。而那里的水有几米甚至十几米深，我的本能告诉我：完了，一切都完了，我使出全身的力气向上窜，头一出水面我就高喊：

"救命啊！救命啊！"

然后，就沉下去了，再上来再喊，再沉下去。当时我的心里很清醒，只是四肢不听使唤，犹如酒醉之人一般。后来，我的邻居，一个比我大几岁的朋友，在我前面已快游到对岸，听到我的喊声，转头向回游，把我托上岸。我已呛了无数的水。据同伴们讲，我的脸苍白得吓人。我想是的，一个刚刚脱离死亡边缘的人的表情是可想而知的。

还有一次，我们一起游泳，岁数大的朋友都从驳轮上往下跳。驳轮上面装着货物，这些船往往停在离岸较远的地方，距岸约有几百米远。我们都很喜欢游到船上去，再往下跳，然后游到岸上。我正往船边游去，但当我游到离船不远的时候，却被湍急的江水冲走了，江水打着旋涡，向下游奔去。正常的情况下，从船上跳下来向岸上游，必须使出全身的力量用自由泳斜着逆流而游才能上岸。

但我由于没能登上船，也就没有得到充分休息，眼看着被水向下游冲去。如果再向下游冲，就是粮库的垂直码头，水深流急，且停许多巨型货轮。人游在其中，随时都有生命危险。望着这些货轮高大、尖挺的船头，犹如张着大嘴的鲨鱼头，随时都想把人吞下去。我吓得紧张异常，拼命地将头插入水中，斜着逆水向岸边游去，心中只有一个念头：拼、拼、再拼，否则，就见不到明天了。正是这种对生的渴望，才使我使出平时绝对没有的力量游到了岸边。一到岸边，我就瘫倒在岸上，很久很久都站不起来，想起来真是后怕。

经历过生与死的考验的人，才真正懂得生命的意义。人们常说有很多人视死如归，其实面对死亡的威胁毫不畏惧的人是极少的。诗人裴多菲写过"生命诚可贵，爱情价更高，若为自由故，二者皆可抛。"我非常佩服这种勇敢与胆识。

我的童年，就是在无数的苦难与冒险中渡过的。书读得不多，字也写得很少，在我幼小的心灵中充满的都是对现实社会的粗浅认识，也有对世态炎凉的感知。我的社会实践能力很强，对事物的分析也比其他同龄人深得多，心胸也很宽广。我有的是对美好生活的向往，因此，一旦有机会，我就会抓住机遇，促成飞跃，我认准了目标，就一刻不停地为实现目标而拼搏，不论前面有多少困难。

# 绝望中考上重点中学

如果说，我对我自己走过的路有什么满意的话，我会斩钉截铁地说，考上重点中学是我一生中最大的转机，也是我最值得自豪的地方。从某种意义上说，考上重点中学是我人生旅途中的重大转机。从此后，我的学业日进千里，其速度之快，程度之深令我自己都感到惊讶！

## 第二篇：我的中学时代

提到我考上重点中学，这里面还有一段小小的插曲。由于我长期在外飘泊，除了在数学方面有一点小聪明外，我的学习成绩很不好，基础知识更差。本来能否考上普通中学我都没有把握，至于重点中学，却从未想过。但我却考上了重点中学，而且很顺利。这一点我也一直觉得是个迷。在小学升初中考试的前几天，我的班主任还用拳头敲着我的头说：

"你如果能考上中学，我他妈的倒着走 M 市！"

用今天的眼光看待这位老师简直不可思议。但当时她却能逍遥社会公德之外。这就是那个时代，这就是那个时代的可悲之处。我只是那个时代的一个小小的牺牲品而已。但天不绝人人常在，在我绝望的时候命运之神给了我极大的幸运。

在考试前，我们老师从其它学校搞到一些好的作文，抄给我们，让我们背下来，这就是人们常说的押题吧？我押的一篇作文的题目是《他真像雷锋》，写的是一位小学生放学以后，帮助孤寡老人做好事的经过。而升学考试的作文题目是《放学以后》。由于我只背了一篇作文，其它的我都不会，因此，无论作文的命题是什么，我都会把我背诵的文章写上去的。所以，当时，看了作文题目以后，我毫不犹豫地把我背诵的《他真像雷锋》写了上去，连题目都没改。虽然跑题了，但由于内容一致，都是放学以后发生的事情，因此，我的作文得分不少。

这样，这次升学考试我得了 147 分（语文：63；数学：84），顺利地考入市重点中学——第 11 中学。从此，揭开了我人生旅途的一篇新的乐章，这是与过去完全相反的，充满无限希望与光明的乐章，这是我思想发生巨大转变的时期，这是我开始接受人生观与方法论改造的年代。从此，伴随着我的不再是垂头丧气，也不再是无聊的街头闲荡，更不是迷惘与彷徨，代之以

## 中学决定一生

精神的充实，勃勃的生机，日新月异的变化，突飞猛进的学业。我也从一个无知的顽童渐渐地变成了有知识的少年。

我真心地感谢我的童年生活，它给了我无数的教育与启迪，我后来形成的人生观的很多依据都是来自于我的童年。没有童年的痛苦，就没有未来的成熟，四次死里逃生，使我对生命更加热爱。那时的我犹如刚刚破土而出的小草，不经风雨无以见世面，虽然这风雨随时可能将我葬送，但我毕竟走过了这一艰苦的路程，迎接到了胜利的曙光。受过寒冷的人，才懂得太阳的温暖；受过饥饿的人才懂得粮食的珍贵。

中学以前的生活，使我经历了各种艰难困苦，而对我自己而言，我厌倦了这种漂泊的生活。我渴望一种新的生活，一种奋发向上，一种充满挑战的生活。所以当升入中学后，我就对各种无聊的玩闹不感兴趣，谁再找我去玩，我都婉言拒绝，无论外面有什么热闹的场面，有什么有趣的事情，我都能够雷打不动地坚持学习，学习，再学习。

## 无知到不会查字典

我怀着激动而又喜悦的心情走入了中学的校门。重点中学的一切就是那么好，学校的校园是我原来小学校园的十多倍。

校园里有各种各样的体育器械，操场巨大无比，我后来才知道，操场可以划成 400 米跑道，可见有多大！

学校的老师更好，我的班主任是一位气质非常高雅的中年女士，她是教俄语的老师，给我的第一印象就与众不同，态度非常和蔼，我在最初的几天里非常兴奋。

但我的热情只持续了几天，就被后来发生的一切淹没了。在数学课堂上，我不知道什么叫自然数，也不知道什么叫奇数？什么叫偶数？更不懂很多深奥的东西；在语文课上，我既不会认字，也不会查字典，在任何一门课上，我基础的薄弱都暴露无遗。周围的同学一个比一个强，面对此情此景怎么办？我从小养成的争强好胜的性格告诉我：办法只有一个，学，拼命地学。

从哪里开始呢？不会的东西太多了，真不知道从何着手？干脆就从最简单的查字典开始。我不会查字典，但是，又不好意思问别人，只好偷偷地看别人怎么查字典。我看到别人查字典主要用拼音方法，我就跟着用拼音法，直到初二我才会偏旁部首查字典，真的是大器晚成。

那时候，每天中午休息一个半小时，大家睡觉的睡觉，打球的打球。但我却不敢再去玩了。每天中午放学，我就飞快地往家赶，有时到家后发现家里冷冷清清，什么饭也没有。我什么话也不说，随手做点儿简简单单的家务，然后就匆匆地赶回学校。本来早晨就没有吃饭，再加上中午无饭可吃，饿得我头晕目玄，眼冒金星，大脑好像不转了一样，浑身无力。但一想到学业，一想到我与别人的差距，一想到将来要出人头地，我就有了巨大的力量，我立刻到水笼头处用凉水冲一下头，马上就清醒了许多，于是就趁势开始补习自己的不足。

那时，我语文学习的是《中学古文课外读物》，第一篇文言文就是《关雎》。对于文中的"关关雎鸠，在河之洲，窈窕淑女，君子好逑"等句子，我根本就无法理解其中的含义，但不理解没关系，我先会读，会写，会背，慢慢地理解，慢慢地消化。

中学决定一生

　　就这样，我一篇一篇地学，一篇一篇地记。继《关雎》后，我又学了曹操的《短歌行》，除了对文中的内容有了一定的了解外，我也为曹操那"周公吐哺，天下归心"的博大胸怀所折服。我也开始了解一点曹操的故事，没想到还学了一些人生奋斗的观念。更重要的是我开始对曹操和历史感兴趣了，后来我看了几遍《三国演义》，跟曹操学了很多干大事的思路。同时也学习了屈原的《橘颂》等名篇。这些文章无论是语言上还是文学上或思想上都给了我极大的启迪与帮助，使我的视野更加开阔。以后很长一段时间，每天中午我就学习古文。有当天学过的内容，更多的是《中学古文课外读物》中的内容。但是，我从这件事情上学会了制定学习计划的方法。再后来我每天将上课以外的时间分成若干段，每段时间学习不同的内容，雷打不动。例如：中午学习语文，下午3点到3点45分学习数学；4点到4点45分学习外语；后来又加入物理、化学、地理、历史等内容。我每天每门课学习45分钟，决不改变。有时，当天上午学习了语文，第二天测验。其他同学今天一天就复习语文以应付明天测验，但我决不会这样。我会依然按我的计划学习。结果，每次小测验，我的成绩很差。但是，第二天语文测验结束后，大家就把语文书一扔，干别的事情去了。我依然按我自己的计划学习，等到了期中考试或期末考试，我的成绩就脱颖而出。长此以往，我的成绩就稳固住了。

## 最差变最优，当上学习委员

　　我是我们班最差的一名学生，而当时全班考初中最高分的是张生。他在升初中的时候得了 198 分（200 分满），真是令我羡慕得不得了。由于他的成绩优秀，他当之无愧地当上了班级的学习委员。他的家庭条件在当时我们周边是非常好的，他的母亲是市政府某局的人事部负责人，父亲也是一名有成就的人。不知为什么上了初中以后，张生突然不爱学习了，整天跟同学打闹、玩乐。后来十几年后我们再相聚的时候，我问起他为什么突然不爱学习了？他说：

"也许那时家庭条件太好了，就不知道珍惜了。也许是对学习没有兴趣了。总之，就是不想学习了。"

我们两个最极端的人，从两个极端来。一个从最好的一端来，一个从最差的极端来。然后，我们向着相反的方向快速地运动。

我开始补自己不会的任何东西。除了中午补语文课以外，每天下午以一个小时为单位，一门一门地补习过去不会的知识或者复习当天讲的新的东西，这一点前面已经谈到。我总想：自己的基础最差，能补一点是一点。只要我坚持住，就一定能有大的收获。

就这样日复一日，月复一月，功夫不负有心人，我的学业有了较大的长进。在上中学后的第一个学期的期中考试中，我以优异的成绩考取了全班的第十五名，男生排名第二，也就是说在我之前有十三名女同学。当时我们同学都有一种偏见，认为男生越到高年级就越有潜力，而我的用功程度是全班闻名的。因此，班主任老师看出我的潜力很大，破格让我担任班级的学习委员。而张生不再担任学习委员。我感到很不安，因为我已经和张生成为非常要好的朋友了。现在，老师让我担任学习委员，张生会不会不高兴呢？后来我见到张生的时候，我就知道自己的担心是多余的。张生根本没有在意这件事，我悬着的心也就放下来了。

张生的问题没有了，但是，更大的问题来了。

我的语文成绩一直不好，当时的语文老师李老师（已经故去在此深表哀悼）对我颇有一些看法。他当时最喜欢张生，听说我取代张生担任学习委员，就一肚子不高兴，马上就来给我出难题。他先让我们预习《登鹳鹊楼》，但是当天下午我们正上自习的时候，他突然进入教室，先让原学习委员张生背诵该课文。大概连老师自己也没想到，张生一个字也没背出来。老师又让我来背，谁都没想到，我非常流利地背诵出来了。弄得李老师非常尴尬，他不得不承认我的用功。其实，这完全是歪打正着。因为我每天中午复习语文，正好刚学习了这首诗，所以，我就把它背下来了。而别人不可能也是中午复习语文，所以，我这次是占了一个小便宜。但是，从根本上说也不能说是占了便宜，因为机会总是给那些有准备的人。

其实，我当时根本不知道这首诗的真正意思。我只是在想：

"电灯照耀在鹳鹊楼上。"

我当时不知道"灯"和"登"有什么区别。正是因为我的基础太差了，所以，我当时在学习上非常自卑，也就谈不上骄傲自满，学习起来也就只能拼搏了。

人的潜力是很大的，大得连我们自己有时都不敢相信。美国成功学大师安东尼·罗宾曾说过，一个人只要用半个大脑就可以学习40门外语，学习12个博士学位。可见一个人的潜力有多大。我也是这样，我用初中一年级的一年时间，补齐了小学五年的课程，同时学完了初中一年级的全部课程，还学习了很多课外的知识，又担任了班级的学习委员。这是我自己一年前想都不敢想的事情，而一年后居然全都实现了。而好的程度也远远超出我们普通的想像。初一上学期期末考试我已经排名全班第七，我前面的同学主要是女生。

人生就是这样，上天关照你，就把所有的好处都给你。上天要是讨厌你，就把所有的坏事都给你。当然，上天关照勤奋的人，努力的人，积极进取的人。我初中一年级的学习和工作上了一个大台阶，但是，好处才刚刚开始，几百倍、几千倍的好处还在后面。而且来得飞快。升入初中二年级以后，我对学习的兴趣更大了，我不仅仅要赶上别的同学，而且内心萌生了更大的野心，我要考全班第一，甚至全校第一。这时候，上天知道了我的新的想法以后，用了两个月的时间就让我实现了这个梦想。

初二年级第一学期的期中考试就像梦一样，令我终生难忘。这次考试共七门课，满分730分，很接近今天的高考分数。我得了707分，相当于今天高考文科的725分，而北大的录取分数640分。可见，我这次考试的成绩是个奇迹，我把第二名甩开了40多分。我从一年多以前的全班最差的同学，到全班成绩最好的学生，经历了非常多的艰辛与困苦。但是，进步的速度之快，却令我自己瞠目结舌。

然而，上天总会给人留一些遗憾。这次考试全校没有排榜，如果排榜，这次我肯定是全校第一，遗憾的是，学校这次恰恰没排榜，我只做了一个全班第一。

这种拼命快速提升成绩的事情，在我后来到顶新国际集团（康师傅品牌）做业务员的时候，几乎是完整的一个翻版。一个人学习好非常重要，但是，这种积极拼搏的精神确是终生受益的。我刚做业务员的前四个月，成绩非常不好，险些被开除。但是，

## 中学决定一生

四个月以后，我开始往首钢公司、冶金部、外交部等大单位销售，创造了公司的巨大业绩。五个月后我的销售成绩突飞猛进，成为当时业务员的第一名，我也因此被公司连升三级，当上了科长。工资增长了四倍，在公司的地位也有了极大的提高。其实，人生的所有事物都是这样的，具有巨大的惯性。当你努力的时候，形成的巨大的前进动力，会带着你，直达巅峰，而你自己却不知道。我后来在奋斗的过程中，也出现过这样的奇迹。当我做北大总裁班教授的时候，我为联想公司培训。然后，台湾世界五百强企业华硕电脑公司来找我培训，华硕公司营业额 1600 亿元人民币。接着，日本松下电器公司又来找我去日本东京培训。而松下电器也是世界五百强企业，营业额达 3000 亿人民币。接下来，韩国三星、韩国 LG 集团又来找我培训，而这两家企业营业额分别是 5000 亿元人民币以上。所以，我们说一个人在拼命奋斗的时候，就像爬山一样。你只管拼搏，你拼搏的越强，丰厚的成果会接二连三的送给你。这就是天道酬勤。

我在这本书中，强调的是，终生辉煌才是人生的幸福，而终生辉煌的基本能力就是中学时候形成的。

## 这是一个金元宝

我经过一年多的努力，在学习上取得了巨大的成就。我努力学习的精神在我终生的事业中发挥了巨大的作用，而与学习同等重要的另一个大好事紧跟着就来了，让我受益终生。进入初二年级后，我们开始退队入团，究竟谁来担任团支部书记呢？

这是大家都关心的问题。由于第一批入团的只有我与另外一个女生马美丽，因此，团支部书记只能在我们两个人之间产生。马美丽人非常的稳重大方，能力非常强，尤其是看问题很有深度，在这个年龄段已是非常难能可贵了。论当时的条件，马美丽应该当我们班的团支部书记。但是，她是女生我是男生，这个先天性因素成全了我。

前面我已经说过，我们那个时候大家都有一个偏见。不论老师还是同学都认为男生有后劲，所以，最后老师让我担任了班级团支部书记。很多中学生认为，我只要学习好，考上一个好大学，将来一定就能辉煌。如果你这样想，你就大错特错了。人生成功所需要的战略规划能力、战术实施能力、管人管事管物的能力、与人沟通的能力、抗挫折能力的形成主要都是在中学阶段，而大学阶段只是把这些能力惯性地提升而已。

我上了北大以后认识了一个南方的同学郝大朋，他是当年本省高考文科第三名，学习成绩非常好。但是，他有一个最大的特点就是没担任过班干部，也很少参加各项课外活动，与人沟通的能力非常差。我们两个人非常要好，但是多数是我主动与他沟通。而他的沟通能力较差，整天埋头学习。他的学习成绩在北大也是非常突出的。就是这样一个学习十分优秀的人，毕业以后分配到南方某个省机关工作。后来，只工作了 8 年就自杀了。我听了这个消息后，非常震惊，但又无可奈何。这个阴影一直影响了我很多年。据这位同学的中学同学跟我讲，在省机关工作的时候，郝大朋平时不会与人沟通。在走廊见到院长时，不知道该说什么。说太俗的话开不了口，说太高雅的话显得太做作。干脆什么话也不说，这样既不俗，也不难为情。但是，小郝的想法太天真了。领导认为这个孩子太高傲，北大毕业就很了不起么？同事也会认为他狂妄，逐渐与他疏远。这样，几年下来，同龄的普通大学毕业的人相继都得到了重用或成为重点培养对象。而郝大朋却一事无成，恰好中学同学和邻居等都认为这个北大白上了，还不如普通大学毕业的呢！于是郝大朋选择了自杀，来向现实抗争。我终生都为他感到惋惜。其实，只要他坚持住，再学会一些为人处事之道，生活是可以出现转机的。当然，如果他中学时期就打下一点与人沟通的能力的基础，他的人生是非常辉煌的。

所以说，中学时期担任班干部或者积极主动参加各项课内课外活动非常重要。我从初中二年级担任班级团支部书记开始，就一直担任班级干部。后来我考上了北大，在大学一年级的时候就担任了俄语系的团总支秘书长兼北大校团委委员兼84级团支部书记。后来到了东语系我又担任了系学生会文艺部长兼班级团支部书记，再后来我又担任了东语系 400 名本科生中唯一的学生党支部宣委。在这期间，我的工作能力得到了很大的提升，视野也得到了巨大的拓展。我当时的校团委书记和战友朱善路后来担任了南京市委书记和北大党委书记。后来我到南京讲学的时候，南京人告诉我，南京市委书记是朱善路的时候，我感到很亲切和温暖。

我由于在中国最高学府担任校一级和系一级（后来的院级）的学生干部，结识了很多中国最高水平的人士，我从他们身上也学到了很多宝贵的东西。

我初中二年级这次担任班级团支部书记，是我一生管理事业的开始，奠定了我成为大师的思想、领导、沟通能力的基础。很多中学生一直担心参加课外活动会占用学习时间，影响学习成绩。其实，这种担心是多余的，只有在最初担任班干部的时候，才会令你疲于应付。一旦走入正轨，就会与学习相互促进。

## 第二篇：我的中学时代

我刚担任团支部书记的时候，也不会工作。老师就放手让我自己去处理。记得有一次发展新团员，大家都积极要求入团，纷纷交入团申请书。申请的人多，发展的名额少，我一时非常为难。有的同学和我的关系很好，有的同学学习很好，有的同学参加活动很积极但学习不好。到底该发展谁？我确实非常为难。后来我走上工作岗位后才发现，不要说我一个中学生，就是一名经理面对这个问题都很棘手。而我在中学的时候就体验了这种滋味。

我当时处理这个问题就处理得很不好。有一个同学人品非常好，但是学习是全班最差的一个，而与我关系最好。我就发展他成为重要的入团积极分子。这一决定引起了很多人的不满。好在我本人学习十分突出，人品又好，才没引起太大的麻烦。还有一名同学学习还不错，但是，参加劳动不太积极。我也发展了这个人担任重要入团积极分子。结果，另一名同学给我写匿名信，举报这位同学拈轻怕重，又给我出了一道难题。我就给这位同学做思想工作，使问题得到了解决。这一能力使我在后来受益匪浅。

我在北大东语系的时候，我们系学生党支部讨论孙生入党问题时（现在中央电视台著名记者），当时很多人不同意他入党。他们认为孙生独善其身，不关心集体，不帮助他人。我力排众议，坚决支持孙生入党。我说：

"我坚决支持孙生入党。人分为两种：一种人担任领导，关心集体，关心别人；另一种人不是领导，他能把自己培养成一个高尚的人，一个优秀的人，这样的人也是值得肯定的。孙生就是第二种人。"

听完了我的发言，大家纷纷改变意见，最后孙生入了党，毕业后分配到中央电视台，成为一名中国优秀的记者和主持人。而我这种敢于发表自己意见，同时能够辩证地看待一个人的能力和方法就是在初中担任团支部书记时学会的。所以我说"担任团支部书记是一个金元宝砸在了我的头上。后来又不断地生出很多利息，源源不断地丰富我的人生。"


## 治病与人生的修养


　　人们只能看见成绩，但我为此付出的代价是不会有人了解的。由于长期的营养不良和劳累过度，我的健康状况急剧恶化，每隔二十多天就重病一次，有时头晕，有时头痛，有时胸痛，有时高烧达 40 度。我经常被病痛折磨，不得不暂时中断学习。但躺在病床上我还在问自己："难道你就这么没有毅力，这一点毛病算什么？"

　　这样想着，我就感到浑身上下有无限的力量，马上从床上蹦起来接着看书。这些小病对我来说无关紧要，但那时我大口大口地吐血却给我带来了很大的困扰。吐了血，我自己很害怕，但又不能跟父母说，因为我不想给本来已有无限烦恼的父母再增添任何一点麻烦。不对父母说，我又不知道病得重到什么程度，有时吐血不止，我自己都担心会不会因止不住血而有生命危险。每次吐血，我就偷偷地吃我父亲的云南白药，既止住了血，又不让父母知晓，当时我只有一个信念，有苦有泪往肚里咽，咬紧牙关，向前闯，一定会柳暗花明的。就是靠着对未来的憧憬，靠着对光明前途的向往，我克服了精神和肉体上的痛苦，克服了学业上的困难，在通向高峰的崎岖山路上攀登。

战胜疾病的成功，也是我非常引以为自豪的事情。其实疾病就像其它困难一样，它有它自身的特点，战胜疾病就像战胜其它困难一样，靠的是人的动脑分析，靠的是人的毅力，靠的是人的顽强的精神和科学的药物治疗，但起决定性作用的是人的精神。没有一个健康的心态，即使有天下最好的药物，也很难治好你的疾病。心态好，再加药物治疗，人才能真正好起来。在工作学习上也是这样，药物好比外界条件，没有自己内心的积极进取，外界条件再好也无济于事。只有内外结合才能收到奇效。

在与疾病的斗争中，我也锻炼了自己的毅力，也锻炼了自己分析问题的能力和解决问题的能力。当你有病的时候，你既不能着急，也不能置之不理，这就要求你有一定的修养。而后来的社会工作也与此一样。工作出现了问题，你既不能着急，也不能乱发脾气。只能心平气和地分析问题，想办法去解决问题，这就是修养。人生在世必须有修养，这是你人生成功的必备良药。

## 带病获得全市体育全能亚军

我身体一直不好，前面已经说过。但是，不能因为有病就不锻炼身体了。一剧烈运动就吐血，不运动就体弱，更得病。这个矛盾一直困扰我。我当时采用的对策是，坚持锻炼，吐黄痰就减少运动量，吐血就吃云南白药，同时停止锻炼。病好了再锻炼，周而复始。

## 中学决定一生

我从小就锻炼，因此体育成绩还是可以的。那时候，我们全市包括十几个县的所有中学举行体育锻炼标准对抗赛。我和几个同学经过层层海选胜出，代表我们学校参加全市对抗赛。再经筛选，最后我们60个人胜出，然后到市第一中学（省重点中学）参加最后冠军争夺战。

离比赛还有最后一个星期，学校非常重视，体育教研室主任亲自带领我们训练。最后比赛的科目是代表速度的800米竞赛、代表力量的手榴弹比赛、代表技巧的双杠项目。我当时进行了非常科学的、客观的自我分析。我由于疾病的原因，剧烈项目800米竞赛肯定不是我的强项。在这个项目上，我只要不输得太惨，我就有获胜的希望。我个子高，力气大，手榴弹是我的强项，但也没有那么强。在这个项目上我要达到最高水平，帮助我提升总体分数。而体操项目双杠，这是我最强项，我必须拿到全市最高分。这样，我就有可能获得全市前三名。

经过这样一分析，我就心里有底了，训练的时候我就有了轻重缓急。800米项目上要保存体力，决不能在比赛前吐血。一旦比赛前吐血我就必须退出比赛，那么，一切就前功尽弃了。双杠上面用尽全力。那段时间，每天下课我都不断地练双杠花样，感觉有了很大的进步。时间也飞快地过去，转眼就到了决赛的时间了。

比赛那天天气非常好，我的心情也非常好。比赛开始后，一切按照我事前想像的那样。几乎分毫不差，简直是个奇迹。第一个项目就是800米竞赛。由于事前知道自己的实力不行，所以，我一路下来反倒觉得比较轻松，获得了第20名。对别人来说这个成绩不理想，但对我来说已经是谢天谢地了。接下来的比赛项目是手榴弹比赛，这是我的强项，我当仁不让，全力冲击，获得了第二名。这个项目的成绩与我的预期差不多，我的心情更放松了。最后一个项目是体操双杠比赛。这是我的最强项，毫无悬念，也不需多说，我获得了并列第一名的成绩。

经过短暂的汇总最后成绩出来了：我获得全市中学生体育锻炼标准对抗赛总决赛第二名；第一名也被我们学校的张小涛获得。我们学校的领导乐得合不笼嘴。要知道这是全市上百所中学的大赛，有很多省重点中学都输给了我们。我们学校囊括了冠亚军两项大奖，怎能不欢欣鼓舞呢？

我带病获得了体育全能亚军，是一件很令人高兴的事。但是，更令人高兴几十倍、上百倍、甚至上千倍的事情还在后头呢。由于我赛前进行的分析实际上就是后来指引我一生辉煌的竞争优势分析法。这个方法是世界战略之父迈克尔•波特总结的，其实，早在两千多年前中国的田忌赛马就已经有了这个思想了，只是没有形成理论体系。我当时并不知道这个理论，但是，我在实战中应用了这个理论，相当于我自己发明的这个理论一样，给我带来了终生的辉煌。我在顶新集团卖油的时候，我对自己的优劣势进行了分析，我认为我是北大毕业的，又是北京市政府机关离职的，因此，我对机关比较熟悉。所以，我把油卖到了冶金部、外交部、化工部、林业部、国家海洋局、首钢、燕山石化、北京焦化厂等中央单位和大型国有企业，创造了良好的销售业绩，工作 9 个月后我就被连升三级当了科长（这一点前面已经讲过）。

后来，我在美国美联集团担任中国销售总监的时候，我把我的 20 条优点和 20 条缺点与我的上司——公司的美籍华人总经理的 20 条优点和 20 条缺点进行比较，结果发现：他的优点就是我的不足；我的优点就是他的不足。于是，我就向他学习他的优点。经过三年的学习，他的优点几乎都被我学到了，而我的优点依然是我的优点。那么顺理成章地我当上了北大特聘教授和清华特聘教授。

后来我继续兼任中国人民大学、上海交大、浙江大学、吉林大学、华中科技大学、西南交大总裁 DBA、EMBA、MBA 教授的时候，我继续与各类教授进行比较学习，同时与世界营销联盟主席哈默万教授、亚洲营销联盟主席、日本营销协会主席、香港营销协会主席、马来西亚营销协会主席、斯里兰卡营销协会主席、北京大学副校长等亚洲最高水平的营销大师或管理大师十年的合作当中，我依然与他们进行竞争优势分析，使我自己的水平不断得到提升，终于成为亚洲顶级营销培训大师、中国销售学之父、亚洲顶级成功学大师。

而这一切能力的基础恰好就是我在这次体育锻炼标准对抗赛中学到的。表面上是偶然，其实是必然。即使不是这件事，也会有那件事启发我，因为我养成了爱思考的习惯。其实，这也是我创新能力的基础。

## 校内校外两个人

从上初中开始，我在学校就一路进步，几乎红遍了学校。但是，在家里我却完全是另外一个人。我从小就与邻居小朋友们玩，因此，上中学以后，我在学校学习刻苦，但回到家里还是跟邻居小朋友们玩得不亦乐乎。我们当时玩的项目很多，一半是室内活动，一半是室外活动。这两类活动都有一个共同的特点：就是都是集体活动。当时，我们经常下象棋、军棋（陆战棋）、跳棋、围棋（我十一岁就会下围棋，在当时是很少有的）；

扑克我会打升级、51算账、憋七、争上游、糊老敢；体育我会单杠、双杠、游泳、滑冰、乒乓球、羽毛球、篮球、排球、足球；野路子的项目我会飘盖子（用一个炉盖向远处投，远处放一块砖头，砖头下面放各种赌注。谁把盖子打掉，谁就赢了）、弹瓶盖、弹溜溜、煽烟盒、煽啪唧、滑滑冰板、执爬犁（单腿、双腿）、滑雪。

我在家与邻居们玩的时候，常常忘记了时间，忘记了空间，忘记了现实的一切，真正像一个无忧无虑的少年。这些活动对我非常有益。培养了我实践动手能力，培养了我逻辑思维能力，培养了我集体观念，培养了我沟通能力，培养了我协调能力。

为什么这么说呢？

首先，这些体育活动是室外活动，我们自己必须亲自动手，你的手不到，球就不会自己飞。任何一个运动，都是自己动手。长此以往，避免了很多人只会纸上谈兵，而没有动手能力的毛病。2012年我去日本参加亚洲国际营销论坛，日本的接待人员给我们讲了很多现代日本宅男的事情，让我很震惊。他说：

"在东京的几个郊县，住着很多宅男。他们整天上网聊天、打游戏、从事各种网上活动。在网络里，他们是奇才，但在现实中，他们却是矮人。他们不会与人交往，也不会各种现实工作，动手能力极差。往往连个女朋友都不会交，成为现实社会里的废人。"

我听了他的介绍后说：

"其实在中国也有很多这样的人。他们生活在虚幻的世界里，整天空想，不做任何事情，连基本的生存能力都没有。真不知道他们的出路在哪里？"

中学决定一生

而我中学时代的各种课外活动，不论是体育运动，还是少年娱乐，都是有很强的动手能力的。

其次，这些活动都是集体活动。尤其是排球、篮球、扑克、军棋、弹瓶盖、弹溜溜、煽烟盒、煽啪唧等活动，经常是五六个人甚至十几个人一起玩。大家之间必须相互沟通、相互交流、相互谅解、相互帮助。团队精神非常强。而在人生的长河中，谁人不需要别人帮助，谁人不帮助别人？不论将来做什么工作，都需要融入到某个团队中去，都需要与别人发生千丝万缕的联系。

第三，培养了我的组织能力。我在学校担任学生干部，在家里与伙伴们玩，更锻炼我的组织能力。在学校里你是团支部书记，别人就会听你的话，因为你有职务。但是，在家里大家就没必要听你的话，有时你要学会妥协。有一次，我听说了电脑的事情，自己虽然不懂细节，但是，我却非常认同电脑这个东西。于是，我就向邻居小朋友们讲了电脑的事情。结果，大家一起气我。我从远处走过来的时候，他们一起摆右手，高喊：

"豆腐脑真神奇！"

"豆腐脑、豆腐脑！"

"豆腐脑真神奇！"

然后哄堂大笑。

我当时就气哭了，又无可奈何，法不责众。后来，走向社会被人冤枉、嘲笑的时候很多，我的抗击打能力就是从小养成的。我常说"温室里的鲜花怎能经得起风吹雨打？"

总之，这段时间的课外活动，使我身心非常愉快，也使我比同班同学成熟许多。更重要的是使我的能力得到了全面的锻炼，为我终生的事业奠定了基础。


# 带领全班男生去爷爷家


我爷爷家住在 M 市柳树岛。从我们家去爷爷家要先坐船渡过松花江，然后再走十公里左右的农村土路，最后才能到我爷爷家。虽然路途有些遥远，但是，到我爷爷家却有无限的乐趣。爷爷家紧邻第二松花江，家里有船、渔网，还有无边无际的原野。在我初中二年级的时候，那年秋天我爷爷家收割黄豆，正缺人手，于是，我就邀请了全班男生帮我爷爷家收割黄豆。

那是一个晴朗的星期天，天刚刚亮，我们班的接近三十名男生就在江边集合了。不知为什么，我们每个人都很兴奋，大家激动得手舞足蹈。可能是回归到大自然的本性表露吧！我最要好的朋友张生、陈小明、陈生、杨生等几个人更是兴奋异常。

我们大家有说有笑，一转眼就登上了轮渡客船。站在轮船上，眺望松花江的晨雾，只见江面上飘着淡淡的薄雾，一层一层慢慢地散开，露出绿油油的柳树岛，碧绿的江水和翠绿的柳树岛交相辉映，真如人间仙境一般。我们每天就生活在松花江边，却并没有时间来领略它的美景。要不是今天起早去爷爷家，我们恐怕还在被窝里做梦呢！哪能看到如此美景？可见，早起的鸟儿有食吃绝非虚谈。

下了船我们就到了柳树岛了。大家就像脱缰的野马，撒开腿就跑，霎时就各自钻到树林里去了。不一会，大伙就都出来了。每个人手里拿着长长的树枝，不用说这就是"左罗"的佩剑。那时，我们每天拿着棍棒打闹，犹如古代的战争，大家拼得满头大汗。我们经常分成两伙，大家对打，互比胜负。这些活动不断增强我们的竞争意识，也锻炼了我们的身体。

我们边打边走，边走边笑，十公里的路竟然很快就到了。到了爷爷家，我们就开始收割黄豆。别看大家是小城市的人，但也严重地脱离大自然，脱离农村。有的人不认识小麦，有的人不认识玉米和高粱，更多的人不认识黄豆。我从小跟爷爷、父亲、哥哥干农活，虽然因为年龄太小，干不了什么大活，却也积累了一些生活常识。我就教大家一些农村的常识，尤其是打鱼的事情。

我跟爷爷、父亲、哥哥经常打鱼，经常早晨 2 点、3 点起床，我们划着船，把网撒下去，然后，我就把桨放好，静静地呆着，一直到起网。在这半个小时的时间里，我经常眼望天空，浮想联翩。有时候想未来，有时候想杂事。很多时候能想出很多新鲜的东西来。就这样我划船的本事就不是一般人可比的。

今天，大家帮我爷爷收黄豆，我就该好好地教教大家划船。由于人太多，我们分批上船。我们划着船，荡着桨，在芦苇丛中穿梭，迎面吹来阵阵的清风，真是令人心旷神怡。最后，我们都上了岸，一切本该完美地结束了。但是，世界上的事物往往是乐极生悲。我们班的几个同学觉得没划够，还要自己再划一会儿。我很累了，我就对他们说：

"我太累了，我就不去了，你们自己去吧！"

"你放心吧！"

"绝对没事！"

"我们都会了！"

大家七嘴八舌地说。我想，这么多人，肯定没问题。于是，我就同意了。

他们七八个人带着欢笑声就登上了船。起初，在离岸不远的地方问题还不大。但是，那是松花江，是湍急的江水，不是公园里的湖泊。他们没有一个人会划船，湍急的江水渐渐地将他们冲到了江的中心。船在原地打转，而且不断地向下游走，越走越远。这时候，船上的同学开始慌了，大声呼喊，厉声求救。但是，船已经离岸太远，我们根本听不到他们的喊声。还是我爷爷有经验，他看到船在原地打转就知道肯定出事了。于是，我爷爷带着我们沿着江岸向下游追他们去了。追了很远，才追到与他们平行的地方，可是，他们还是没法回来。船继续在江中心打转，继续向下游冲。关键时刻还是爷爷有办法。爷爷站在江边现场指挥：

"那个孩子坐下。"

"那个孩子把两个桨同时用劲同时划。"

"大家都不要乱动。"

于是，大家按照爷爷的口令将船划回了岸边，终于松了一口气。等大家回来后，我才真正后怕。原来有几个人根本不会游泳，这可真是冒着生命危险。这是波涛汹涌的松花江，是大自然，决不是小河沟。一旦翻船，很多人必死无疑，这是真刀真枪的游戏，太令人害怕了。晚上我们回来的时候，大家还是后怕不已。

我们那个时代，大家经常干各种冒险活动，所以，我们成年以后谋生的本领很大。但是，我还要客观地说一句，有一定的冒险精神可以，但是，决不能够在没有把握的情况下，拿自己或别人的生命开玩笑。这个尺度一定要把握好。既要敢冒险，又要兼顾安全。

这次郊游很好，我们既亲近了大自然，又增加了感情，我们之间的这种感情一直持续到现在。二十年后我们相聚，大家还能回想起当年的柳树岛之行。

## 一场刻骨的排球赛

初中的时候，我们很喜欢打排球。那时条件都不太好，学校的排球场地条件很差。但这一切并不能阻挡我们对排球的热情。每次课间休息，或者下午自习课间，或者周末我们都做各种体育锻炼。最常做的体育锻炼就是排球，我们每个人好像都是国家队的队员，要么练发球技术，要么苦练扣球技术。最使我难忘的是一次同学自发的排球比赛。那天下午，我们正上自习课，不知道谁提议现在上课时间，排球场地一定空，我们去打一场比赛吧！于是，我们大部分男生拥进了小排球场地，大家分成两组就开始打起来。

本来一场排球比赛没有什么特别的，也不值得一提。但是，随后发生的事情，就可以大书特书了。我们正打着球，突然天上下起了小雨。起初，大家没在意，但是，雨越下越大。一会儿，整个球场就被雨弄湿了。怎么办？是打一半回去还是坚持打？这时候雨下得小了一点。大家正在犹豫，突然陈生大喊一声：

"男子汉大丈夫还怕这一点雨么？"

大家听了这句话后，哄堂大笑，都觉得特别滑稽。但是，笑完之后反倒觉得有一定道理。于是，大家七嘴八舌说开了：

"对，这点雨算什么？"

"我们再打几局怎么样？"

"可是场地都湿了，怎么打呀？"

"用土垫。"

我们大家一下愣住了。

"用土垫？"

"哪找土去？"

"用什么运？"

大家正犹豫的时候，陈生又说了：

"干脆就用手捧沙子来垫。"

一句话提醒了大家，于是，我们就用手捧沙子来垫排球场地上的积水坑。人多力量大，一会儿就把水坑填上了，我们继续打球。这件事给我留下了深刻的印象，以至于20多年后，一想到这个事情，当时的场景就能浮现在我的眼前。我们当时是多么的意气风发呀！表面看来很幼稚，但是，这种精神却是人的一生中最宝贵的。后来，在那么多的企业里工作，我很少再看到这样感人的场面。人的一生需要有很大的热情，需要有一种拼搏的精神。其实，打一场比赛，既不赢房子，也不赢地。甚至一点奖品都没有，但是，大家为什么还这么拼搏呢？这就是人生，这就是乐趣。

## 中学决定一生

# 串门

我上中学的时候，非常喜欢串门。那时候，男生和女生之间不太说话，更谈不上互相拜访。我那时却不一样。我们班级的男生家我几乎全去过，女生家也去过很多。M市是一个很小的地级市，全市从南到北只需要20分钟就可步行到头，东西有些狭长。如果骑自行车，那么到任何地方都没有什么障碍。有时候放学的路上我顺路到同学家玩，有时周末我专程到某一个同学家玩。到同学家有时我跟同学聊天，有时跟他父母聊天，有时跟他哥哥姐姐聊天，乐趣无穷，同时，也能开阔自己的视野。我父亲、母亲都是工人，视野和知识没有那么宽、那么多。但是，同学的父母、哥哥、姐姐们却各有千秋。

我那时经常去陈生家里玩。他家在松花江边，我经常去他家找他到江边玩。更多的时候，我们在他家打排球。他的排球打得很好，我经常向他请教或者两个人切磋。除了玩以外，我们经常一起探讨人生的问题。那时候，我们都很奋发向上，总希望将来干点大事。有时候谈到将来考大学的问题，虽然还太早，但是，我们似乎有了一些朦胧的意识。陈生最大的特点是早熟，我们两个人自我感觉好像是大人一样，有时还忧国忧民。结果，陈生的这个特点在日后完全用上了。他大学毕业后，回到M市政府到了市人大，真的做起了忧国忧民的事情，而且一干就是一辈子。人们常说"三岁看到老，还真是这样。"

还有一个女同学家我也常去。这就是陈美丽家。她家离我们学校很近，我放学的时候只要绕200米就可以到她家了。我之所以常去她家，有一个最重要的原因：她爸爸是M市日报社的总编而且是M市少有的北大毕业生。我每次去的时候，尽量选择晚上去，吃过晚饭以后，一般大人都在家里。我去她家后，大部分时间是和她爸爸聊天。从她爸爸那里我知道了很多普通工人不可能知道的信息，了解了很多关于北大的事情。我对她爸十分崇拜，崇拜他考上北大；羡慕他能够在中国最高学府里生活那么多年。他爸经常给我们讲北大校园如何美，北大的学风如何开放、进取。听得我心驰神往，当然，那时我还小，还没敢想自己将来要考北大的事情。只是听一听，就令人浮想联翩了。

还有两个同学家我最常去。一个是何海家，一个是董海家。他们两家离得很近，他们两个人的关系也很好，我们经常一起聚会，一起聊天。何海家当时和我家差不多，生活都很困难，他家更差一些，我们两人关系更好一些。他母亲很早就去世了，她爸爸带着他们兄妹三个生活。他哥哥是我最敬佩的人，因为他哥哥是一个不达目的誓不罢休的人。他哥哥考大学考了好几年也没考上，但是，下一年继续考，直到考上一个大专为止。我每次去他们家都会跟他哥哥聊好久好久，我们有很多共同语言。无论是考大学还是谈人生。我跟何海经常放学一起走，其实，我们不顺路，所以，在要分手的十字路口一站就是一、两个小时。我从他身上看到了很多优点，他学习不如我，但是，他会组装收音机，我羡慕的不得了，那时，我就是学习功课，看到组装收音机就佩服得不得了，后来我上航模班也是受他的启发。可见，人各有所长，各有所短，只要扬长避短，人人都有可能成功。

他家对门就是董海家，我从何海家出来就到了董海家。董海体育项目特别好，个子也高，身体也壮。我们谈体育内容更多一些。他姐姐比我们大一点，我经常跟他姐姐聊天，从他姐姐身上我学到了很多东西。他姐姐学习特别好，后来考上了北京农业大学，令我们羡慕得不得了。我们当时把谁能考上北京的任何大学，都看成是无比光荣和无比自豪的事情。后来，我之所以考北大也是董海的姐姐指导我的。后面我会说一些我考北大的细节。

还有陈小明、张生、杨生三个人不能不说。我非常喜欢到他们三个人家去串门。说来也怪，他们三个人的家都在 M 市的南郊，后来他们三个人学习都不好了。可是，我跟他们三个人的友谊却是天长地久，一直持续到现在。2013 年春节我们还在一起喝酒，这是人生最大的乐趣。张生家的条件在当时是非常好的，当时他家就有录音机了。我每次去他家的时候，他都会给我放当时最流行的歌曲。有一段时间，我最喜欢听电影《流浪者》中的插曲"拉兹之歌"和"丽达之歌"。我就放学以后去他们家，让他给我放这两个歌曲。我听了一遍又一遍，放得张生都烦了；而我依然兴趣不减。张生当时的很多思想、见解比我们普通工人家庭的孩子要高得多，思想深邃得多。我从他身上学到了很多我们周围人没有的东西。

陈小明坐在我的前桌。那时，我们两个人总爱说话，为此经常遭到老师的批评。尤其是自习课，我们两个就成了一个小型会议中心了，周围的同学都加入进来。放学以后我常去他家玩。他家地方非常大，周围空地非常多，空气也很好。我每次去他家就好像去郊游，其实，他家也在市区，只是地方大一些而已。杨生家就在他家附近，我也常去。后来，他在 M 市合江电影院工作，他们的总经理就在我们家对门，互相串门就更多了。当然，班级的其他同学家我也去。串门有很大的乐趣，培养了我与人交往的能力，沟通能力，为我日后的事业打下了牢固的基础。使我受益终生。

# 我造的气垫船为什么飞不起来

我从小就喜欢飞机，特别幻想在蓝天上飞翔。当然更喜欢自己做飞机，飞机模型也行。上天不负有心人，就在我上初中二年级的时候，物理老师告诉我，市青少年宫办航模班，学校推荐我去参加。我听了这个消息后，高兴得差点晕过去。从此，我开始参加航模小组的活动。由于当时条件很差，做航模需要的很多配件都没有。我只能跟着大家一起做航模，自己独立做航模的机会很少。为此，我觉得很不过瘾，于是，我就在家里自己做气垫船。做气垫船必须要有两个电机，当电机旋转起来时，带动两个螺旋桨。一个螺旋桨向上推动气垫船飞起来，另一个螺旋桨推动气垫船向前飞行。我在电影里看过气垫船，但是，自己动手做气垫船，那可是两码事。我让父亲帮我找两个小电机，但是，父亲费了九牛二虎之力，只找到了一个。我想一个总比没有好，一个就一个吧！我就开始制作气垫船。我先找一个泡沫板，然后，将泡沫板剪成椭圆形，高十厘米，制成了很好看的气垫船。但是，当我把电机打开的时候，令人非常扫兴，气垫船没有飞起来。我十分失望。即使飞起来，还有一个向前飞的问题。我居然没有完成第一步，太差了。可见，世上的事物真是看起来，说起来容易，做起来太难了。于是，我把这种感悟用到了学习和工作上了。在学习上，无论多简单的题，我都会想一想，这个问题我真的掌握了么？是否会像我做的气垫船一样，表面看来会了，其实，完全不是这回事。可见，什么事情看起来容易，做起来难，我们要增加自己的动手能力。

# 到工厂、农村、大学去演讲

在我上初三的时候，我们学校开展了演讲活动。我是演讲团的重要成员，要经常到工厂、农村、大学去演讲。题目经常是当时社会上最流行的话题。例如："五讲四美"，"精神文明"等，后来又出现了张海迪的事迹。我们演讲得很认真，水平在当时的 M 市是最高的。记得有一次我们给 M 市医学院的大学生演讲，当时有句话是这样说的："给大学生作报告可不是件容易的事。但是，四千多人的大厅里，鸦雀无声，所有的同学都在专心致志地听报告（指张海迪的报告）。"这时台下传来窃窃私语声"你给我们演讲也不容易！"我听了这话差点笑出声来。但我们还是非常认真地把讲演进行完。

有一次我们到监狱去演讲，操场上站满了囚犯，我们就站在台上演讲。我们演讲得声情并茂，内心深处真的希望自己的话能给他们一些帮助。这些囚犯们站在那里也不知道听懂没有，我们却是发自内心地祝愿他们早日改造完毕，早日与家人团聚。演讲持续了两个多小时，我们始终热情不减，我们赢得了一阵阵热烈的掌声。

经过长期的演讲，我们的收获很大。首先，我们面对陌生的人不怯场了。敢把自己的想法表达出来，又让别人能听懂，这是很不容易的，同时又是非常重要的。我后来在北大面对几千人演讲而不乱的能力，以及后来经常在全国分销商大会上即席讲话且流利通畅的表达能力就是这时候培养出来的。其次，锻炼了我们处理纷繁复杂的事情的能力。当时，我们每学期有七门功课，我又是班级的团支部书记，再加上演讲，就更乱了，而且正面临着考高中，因此必须有条理地安排好有限的时间，后来我在北大开办家庭教师介绍所的时候，每周六我同时与四位家长和四位同学谈判，然后让他们组成四对分别谈，我坐在中间听他们谈。发现哪位同学解释不清问题的时候，我就站出来为这位同学提供支持。这种同时处理多个问题的能力也是那个时候开始培养的。

演讲能力在今天的社会上非常重要。美国的任何一位总统，都是非常擅长演讲的。没有演讲能力就没有资格做总统，更何况没有演讲能力你怎么面对无数的选民发表自己的观点呢？另外，一个好的律师、企业家都需要有非常好的演讲能力，美国著名成功学家卡耐基的成功学中最重要的一部分就是演讲术，演讲术关系到一个人的全面成功的关键。过去中国人不太重视演讲能力的培养，今天，我们不能不重视了。一个人要敢于表达自己的思想，敢于表达自己所在的团队的意见，同时也要有表达这些问题的能力，这就需要培养演讲术。

## 年级排榜 我没进前十名

在初中二年级期末考试时，我们全年级要进行排榜。全年级一共六个班，360多人统一排大榜。我听了这个消息后非常高兴。我心里想：这次排榜我肯定是全年级第一，这是板上钉钉的事情，决不会有问题的。退一步讲，排前三名那一定是百分之百把握的。于是，复习的时候，我心慌意乱，总不能踏下心来复习。稍微复习好一点，就马上放下这门课，跟同学说话、聊天。同学们也忽悠我，有的同学说：

## 中学决定一生

"文良，这次你一定能排第一，你的实力在这摆着呢！"

也有的同学说：

"咱们年级也就你基础最扎实了，你都不用复习，就能获胜。"

最可悲的是，我自己也这么认为。后来，考试的时候，我自我感觉最好，比我第一学期其中考试得 707 分时还好。每门课我都第一个交卷，感觉出奇的好。等到结果出来后，我就傻眼了。全年级排大榜我居然没进入前十名。在班级我也仅仅排了第二名。我崩溃了，我的自尊心受不了了，我觉得全校同学都在笑话我，起码全班同学都在笑话我。我没脸见人了，我无地自容了，我真想找个地缝钻进去。古人说"知耻而后勇"，真的是这样。大榜公布的当天我就放下书包开始学习。别人都开始放暑假了，我却没有任何心情放假。我一个人开始从头学起。说来也怪，考试前我的心浮的厉害，可是，现在自己失败了，心情却异常平静。真可谓心无杂念，一心想要学习。等到回家以后，家里人问我排了多少名？我没脸告诉他们，只好说："学校还没排完呢！"

就这样我把这件事给遮掩过去了，时间长了也就无人提起了。这件事情给我的影响却是很大的，我一直想：为什么考前我的心那么浮躁呢？怎么都安不下心来，学习学习不下去，工作工作不下去。等一切尘埃落定了，为什么就平静了呢？可见人是要经历一些挫折的，不经历沧海无以见世面。我于是开始花大气力地学习，一直学到考高中。成绩后来相对比较稳定，最后赢得了高中考试的好成绩。

进入初三以后，我们班三个同学争第一。在我们三个人中，只有我是男生，好像我最有前途似的。我们相互交错，互争长短。最后，高中考试成绩出来后，我在我们年级考第三名。第一名进入了一中，进入了省重点校。第二名与我留在了原学校。尽管我的分数比省重点校一中录取线高 42 分，但由于我们学校领导找我们谈话，让我们报志愿的时候，第一志愿报第十一中学，第二志愿报一中。你用脚想都能想出来，十一中录取分数线是 271 分，一中录取分数线是 298 分。我们无论如何不可能进入一中。要么落考，要么上十一中。最后，我们年级考第一名的康美丽，自己报了一中，上了一中。第二名和我都留在了十一中，我当时非常矛盾。从心里讲，我想考入一中，毕竟那是省重点校。而我们学校是第三流学校，一定比不上省重点中学。但是，人是有感情的。十一中的所有老师，包括学校领导都对我特别好，我无论如何也不好意思第一志愿不报十一中。

但是，我也经历过反复。当我上高一的时候，我父亲还是不死心，偷偷地带我去一中校长家要求转到一中来。一中的校长问了我的考试分数和基本情况后说：

"没问题，以孩子的分数随时都可以来。"

我父亲听了非常高兴，但是，一中的校长接着说：

"您别高兴得太早。"

"为什么？"我父亲赶紧问。

"这还用问么？十一中肯定不放。要放早就放了。"

"那怎么办呢？"我父亲急了。

"您别着急，现在你们赶紧回去找十一中领导谈，我们随时欢迎这孩子来。"

于是，我父亲带着我找十一中领导来了。戏剧性的事情又

## 中学决定一生

发生了。十一中的校长非常热情地接待了我和我父亲。当我父亲说明来意后，校长的话匣子就打开了：

"王老弟您放心，文良在我们十一中是文武齐才的高材生。我敢跟您保证，只要文良在十一中正常学习，我可以保证他一定能考上重点大学（指北大、清华、人大、复旦、南开、中山大学六所大学）。我们学校的师资不比一中差，这一点您放心。另外，文良这孩子懂事，学习好，工作也好，我们全校老师都喜欢他，我们全校老师都像保护重点文物一样保护他，培养他，给他开小灶。您就把心放肚子里吧！"

校长的一席话说得声情并茂，而且说得确实是实情。我到一中不过是一名学习好的学生而已，而我在十一中那就是宝贝，全校老师包括校长都偏袒我，我还说什么呢？就在十一中努力吧！于是，我又在十一中学习了三年，直到考上北大。

## 立志

进入高中生活就完全不一样了。尽管我过去用了一些功，但那时并没把全部时间都用在学习上，根基并不牢。而此时摆在我面前的最大的问题就是上什么大学的问题。我在上高中的几天后就提出要考北大、清华或人民大学的目标。当时在我们的心中，全国最好的大学就是北大、清华、人民大学、天津的南开、广东的中山大学、上海的复旦大学。我对南方了解的太少，因此我决定只考北京的三所名牌大学。还有一个原因也帮助我做出这个决定。我上高中的前一个假期里，由于考高中已成了定局，因此，这个假期格外悠闲。没有作业，也没有要复习的任何课程。由于长期忙碌，突然闲下来还有些不习惯。所以我就从邻居吴小风那里借来一些高中课本预习。其中最令我激动的是朱自清的《荷塘月色》。

我把这篇散文看了几十遍，以至于我能完完整整地、一字不落地背诵出来。我为文中所描绘的清华园的美景所迷倒：

"曲曲折折的荷塘上面，弥望的是田田的叶子。叶子出水很高，象婷婷的舞女的裙。层层的叶子中间，零星的点缀着些白花"等等。

那时正是夏天，全家人都出去乘凉去了，家里只剩下我一个人。我浑身热血沸腾，仿佛我就跨进了清华园，成为了清华大学的学生。我年轻的时候有一个习惯，就是喜欢做梦。我凡是想成为一个什么样的人，我就幻想我成为这样的人之后，所有的人都赞美我，羡慕我，然后我挺着胸膛从大家面前走过。这种快感一直是我前进的一个非常大的动力。这次也不例外，我又梦想自己成了清华大学的一员。于是，我就开始立志，一定要考上清华大学。

后来，我上了文科，清华大学那时没有文科，同时，与我们同学的姐姐的一席谈话改变了我的一生。高一结束的那个假期，我到同学董海家串门。正巧赶上他姐姐放暑假从北京回来。他姐姐在北京农业大学学习，是我们非常敬仰的人物。他姐姐说：

"其实你考北大更好。北大是中国最高学府，而且校园比清华更漂亮。北大的学风也十分自由，整体上北大清华相当，各具特色。"

"另外，你到北大非常方便。从北京火车站坐 103 路电车到动物园换 332 路到中关村、海淀、北大西门三个站下都可以。你们北大特别大，三个站正好对着你们北大的三个门。"

那次谈话是我一生中最幸福的一次，因为我还没参加高考呢，他姐姐就每次都说"你们北大怎么怎么样"，这令我非常陶醉，于是，从高二第一天起，我就立志要考北大，矢志不渝，最后终于修成正果。由于是我自己想考北大，没有家长逼我，因此，学习起来十分快乐。后来，我在中央电视台做节目的时候，我就对主持人说：

"我对人生的感悟很多，但最大的感悟是，积极主动的人上天堂，被动混饭的人下地狱。我能考上北大主要是因为我自己主动想考，不是被动被逼去考。"

由于是我自己主动的、自愿的，因此，我为此奋斗无怨无悔。我的学习劲头也就十分拼搏。我必须以省重点校的最好的同学为竞争对手。我们都知道，几个最优秀的运动员互相竞赛的效果一定会比一般的运动员在一起竞赛的效果好。我们市重点校的同学总体比省重点校的同学要差一些。我必须要加大自己的压力，因此我开始了全方位的拼搏。

夏天我 3 点多一点就起床，跑到学校往往还没有人。我先在路灯下看一会儿书，等学校的打更师傅起来后我就进入教室学习。当时困得十分厉害，站着都能睡着。每当这时候我就对自己说："文良，你是个有毅力的人。伟大的事业还等着你呢！"然后就到水龙头前冲头。清醒一些后继续学习。这种自我鞭策的方法就是我们老师给我们讲的傅立叶的自我鞭策法。不过，他不是自己说，而是每天让他的仆人早晨叫他起床的时候高喊："起床吧！先生！伟大的事业在等着您呢！"于是我们的傅先生就充满激情地起床，开始一天的工作。

我也借着这种方法来激励自己，确实每天比别人多赢得了一些时间，以弥补我被大量工作占去的时间。每天起得太早，使我的睡眠严重不足，为此我经常头痛，经常得各种疾病。现在回想，其实我每天晚起一些，只要提高效率，成效也是一样的。因此我不主张起早贪黑熬时间，而应该从长计议，抓紧有用时间，提高效率，在效率上要成绩。

最令我感到难受的是晚上放学后，我家只有一间房，全家人在一起谈一谈天，聊一聊家常，我也不能阻止，没办法我就到厨房去学。别人说话的声音我都能听得清清楚楚，只好强迫自己不听。时间长了，却也练就了排除干扰的能力。另一件事情我就无能为力了。当时晚上经常停电，一旦停电，整个屋里一片漆黑，伸手不见五指，哪还能看书呢？我只好到外面路灯下看书了。

黑龙江的冬天，晚上的气温在零下20度以下，站上十几分钟全身就冻透了。但是人总是有办法的，我看一会儿书跑一会儿步，再进屋呆一会儿，然后再出来。经过这样反复几次，人就被冻麻了，就不觉得冷了。有时就用这样的方法一看就是几个小时，等到来电了再进屋，要用十几分钟或更长的时间才能暖过来，时间也就这样被挤出来了。

我常想，条件好的人未必珍惜自己的好的条件。有的人躺在温暖的被窝里看书，没过几分钟就睡着了。也有的人，左手拿着芳香四溢的点心，右手拿着书，眼前却在看着电视，结果是，荒废了学业。到了成年的时候，要花费大量的财力和时间去补习自己荒废了的学业。

每年的寒假，我就一个人在教室里学习。由于冬天放寒假学校不供暖气，教室里与外面的气温差不多，同时由于我要长

# 中学决定一生

时间在寒冬里坐着看书学习，我就做好了充分的准备：里面穿着正常的棉袄，外面再穿上我姐姐发的棉大衣。下身穿棉裤，外面再穿上我哥哥发的军用大棉裤。脚穿棉毡袜，外面再穿军用大头鞋。头戴棉帽，外面围上厚厚的围巾。手戴绒手套，外面戴军用大手套。样子虽然难看极了，但却为我遮挡风寒，况且假期也没有人看。

我就这样在全国最冷的地方、最恶劣的环境下进行学习。累了就到外面的操场上慢跑，因为跑快了就会吐血，所以跑的特别慢。每天学习十几个小时，一个假期下来，我就好像过了几个学期一样。把上学期讲的东西全部复习一遍，把下学期要学的内容全部预习一遍，等到新学期开学的时候，我已胸有成竹了。

那时候我穿得很破，也很难看。但我自己并不觉得，因为我从来没有想过这些事情，我的全部精力都用在了学习和工作上了。我为此并没有失去什么，相反我得到了学习成绩的提高，得到了未来的更广阔的世界。

一个人在不同的阶段就有不同的特点和重点，年轻的时候学习是第一重要的事情，一切以此为核心，也可以兼顾其它，但不能离开这个核心，否则就本末倒置，贻害终生。


## 结交挚友韩春风

我上高一的一件最快乐的事情就是结识了挚友韩春风。我刚上高一的时候，有一天放学回家，突然遇到了同班同学韩春风。原来我们两家是邻居，两家距离只有 200 米左右，我们两人都很惊讶。韩春风家原来不在 M 市，在外地汤原县。后来他的父亲调到 M 市工作，他就随全家来到了 M 市，到了十一中读书。这样，我们每天一起上学，一起放学，结伴而行也避免了路上的寂寞。

我和韩春风之所以成为好友，不仅因为我们是邻居，而是因为我们性格和知识、能力完全互补。我性格属于中性，大众场合我特别外向，能说能喊能张罗。而在私下场合，我很内向，寡言少语。而韩春风与我正相反，在大庭广众之前，他很内向。而与我单独在一起的时候，他特别能说。班级发生了什么事，我还没有任何感觉呢，他就已经了如指掌了。我们家是工人家庭，而他父亲是旅游局局长。他比我见识多，因此，我们两个在一起的时候，基本上是他给我上课，给我讲书本上没有的东西。我就跟他学习，学习我不会的内容。

我有两个方面比他强：一个是课本的学习，一个是学校的工作。

但是，其它方面我都不如韩春风。

我们家经济条件一直不好，所以，我在整个中学阶段几乎没看过课外书。我能把语文书、地理书、历史书几乎背下来，是因为我没有其它的书。后来，我上了北大，突然看见几百万册书，一下就扎进去了，最后成为中国读书最多的人之一。我到目前为止已经读了 20000 多本书。可见，经过饥饿的人才懂得面包的价值。而韩春风则不同，他那时侯就已经博览群书了，因此，他讲话的时候，我几乎插不上嘴。他讲的东西都是我不知道甚至没听说过的事情。各地风土人情，历史典故，名人轶事，他随手拈来，不假思索，我经常听得目瞪口呆。另外，他那时就很擅长书法、文学、艺术。他当时的书法水平就是我一生都无法赶上的。我不断地跟他学习，也间接地懂了很多人情世故。另外一个事情就是我在学校做工作是很卖力气的，也有一定成绩。但是，我只是那么去做了，而至于为什么那么做我不得而知。这时候，韩春风就会点评我做得好坏。他那时看了很多领袖人物的传记，视野自然非常开阔，点评起来也能恰好处。那时，我是非常佩服韩春风的才华的，所以，我非常愿意跟他交往。由于我人品非常好，他也愿意与我交往，我们结下了深厚的友谊。后来，他考上了黑龙江省中医大学，当上了一名大夫，我觉得太可惜了。以他的才华，做到国家领导人是没问题的，只是他学了医学，走了一条专业化道路。再后来他当上了 M 市中医院的副院长，才稍微发挥一些才华。如今他事业生活都很成功，我们的友谊终生不变。

## 另一个挚友刘仁意

除了韩春风，我在高中阶段的另一个挚友是刘仁意。他初中的时候在省重点校一中上学，高中的时候才来到十一中。我们两个人的理想、追求极其相像，因此两个人成为最要好的朋友也就再自然不过了。我最早跟他相识，是因为他给我讲斯诺的《西行漫记》，也就是《红星照耀中国》。这是斯诺在延安采访毛泽东主席的记录，也是毛泽东的故事集。由于我当时家里穷，没钱买书，因此我什么书也没有。刘仁意给我讲毛泽东的故事，讲《西行漫记》，我非常兴奋，也觉得非常新鲜。我常被书中的情节感动，更被毛泽东的伟大精神感动。刘仁意非常崇拜毛泽东，我更崇拜毛泽东。共同的理想、共同的信念使我和刘仁意成为了最要好的朋友。

那时候，我们两个人都想成为毛泽东式的领袖人物，都想将来干一番大事业。所以，我们俩经常探讨人生的问题。后来高考前我们两个人放下最重要的功课，骑着自行车到四丰山感悟大自然也就不奇怪了。刘仁意人好，他的父亲更好。后来我跟他父亲也成了忘年交。那时，我经常去刘仁意家玩。每次去都要在他家吃饭，并且长时间地和他父亲交谈。我们三个人根本不像两代人，倒好像三个要好的朋友促膝谈心。他父亲经常给我们分析高考形势、国家形势以及我们未来的命运。人都喜欢听好听的话，我也不例外。刘仁意他父亲经常夸我，夸得我脸红，但心里极其舒服。他父亲常分析高考形势和我们的策略，尤其是我和鸿弟的未来。对我的未来，他父亲每次都十分肯定我将来一定能考上全国最好的大学，所以，天长日久，我自己都觉得我一定能考上中国最名牌的大学。后来，我来了北京以后都有一些后怕。如果我高考之前去过哈尔滨，恐怕我就不会那么自信了。只要看一看哈尔滨的雄伟，壮丽，再看一看哈尔滨的中学名校，我就不会那么自信了。好在我没去过哈尔滨，也没去过北京，更没去过美国和英国。我不知道哈佛，也不知道剑桥。我只知道毛泽东（后来我买了一本毛泽东青少年时代的书），所以，我做任何事情都以毛泽东为榜样。好像自己也和毛泽东一样伟大，这就是榜样的力量。刘仁意也和我一样，以毛泽东为榜样。我当时想：毛泽东有个蔡和森，我有个刘仁意，何其相似乃而。人生得一知己足矣，而我在中学时代就有两个知己朋友，我很欣慰。

# 高中时代我上了一个大台阶

我上初中的时候，老师就特别偏袒我。那时两个老师偏袒我：一个是班主任老师张月英，另一个是校团委书记徐秀珍。两个老师一个像母亲，一个像姐姐，给了我无微不至的关怀。而高一的老师更甚几倍。我高一的班主任老师是一位穿着时尚，性格前卫的女老师，名叫杨敏，教我们化学。由于我是我们班入学考试第一名，再加上是一名男生，老师对我就已经有了一定的好感。入学以后我积极表现，学习刻苦努力，工作肯干又能吃苦，短短几个月我就打开了局面。老师就特别喜欢我，我也特别喜欢这个老师。

高中我学得最好的学科是数学、物理、化学、外语，而学得最差的是政治课。当时，政治课考试大家普遍得七、八十分，而我经常得六十多分，比其他人少十几分，比自己的真实水平差二十多分。为什么？我绞尽脑汁地想，终于想明白了。政治考试答卷时，我小题得的分数非常多，但是，大题几乎不得分。我答大题的时候，只写最重点的几句话。而政治试卷的评分标准是按照采分点给分。我只写了两句话，20 分的题只给我 4 分，两道大题我就丢掉 32 分，还想得高分么？做梦！于是，我就做了改进。我解答小题的时候，还像以前一样，但是，回答大题的时候，就完全不同了。我除掉关键点以外，把每个问题的具体论证过程都详细地表述出来。果然，政治分数一下提高了 20 多分，总成绩也自然提高 20 多分。考班级第一名也就更有把握了。

## 实力乃人生第一基础

我在读高中的时候真正明白了什么叫做学生干部。我当时是班里的团支部书记，校学生会副主席，校团委委员，校演讲团骨干。当时学校的活动特别多。

当时团的工作最重，我们经常组织各种学习班，有很多活动都是由我来组织。有时低年级组织诗歌朗诵比赛，我经常参加评委工作。有一次初二年级举行诗歌比赛，我担任评委，这次活动给了我非常深刻的印象。一个小男孩相不惊人，貌不压众，外在看来很一般。但当他朗诵完第一句的时候，全场响起了雷鸣般的掌声。等他朗诵完的时候，我们所有的评委都给他打了满分。

这件事对我产生了很大的震动。一个人必须有强大的实力，才能经得住考验，同时，一个有实力的人是能够被发现的。一个人要想有所作为，就必须脚踏实地地积累力量，当你的实力积累到一定量的时候，是一定会爆发出来的。我同时想到了学习不也是这样吗？你的力量积累到什么程度，爆发的时候就会产生多大的能量。这个小男孩不就是这样么？我们谁都不认识他，但却同时给了他满分，这就是他的实力。

记得有一次，我参加 M 市的团代会，一开就是 3 天。在这高考最关键的时候，我却停课 3 天，我怎能不着急？但这是全市的共青团大会，教育局才有六十个名额，只有几个学生参加，我又怎能不珍惜这次机会呢？我积极参加讨论，完全投入到会议中去了。

3 天过后，我总觉得自己耽误了 3 天，所以，拼命去补习。

效果却超过了没去参加会议的人。如果我们每天都认为，自己前一天被耽误了一天而拼命地去补偿，那么每天不都会创造奇迹么？这在古人的兵法中都有论述。例如，破釜沉舟、先置死地而后生，都是讲人要把自己先放在受损的地位，然后激发自己的潜能，其能量之大超过平时许多倍，我们不妨一试。

# 8次走上主席台

由于严格要求自己，并不断地反省自己，在中学的时候我确实取得了非常大的进步。同时也积累了很多的工作经验，而且也得到了很多的荣誉。每年的三好学生是从未少过，各种表扬接连不断，全校1300多人都对我很有好感，学校的校长待我就像待自己的亲人一样。尤其是校团委书记叫徐秀珍，与我母亲同名同姓，她待我就像亲姐姐待亲弟弟一样，经常把办公室的钥匙借给我，这样晚上我就有了一个比较安静的地方学习。但我也并不是总借，大部分时间还是在教室里，不过徐老师的厚意我却一直记在心上。现在徐老师已是 M 市第一中学的党委书记兼校长，而一中是省重点校，我们重逢的时候已是十多年以后的事了。

我当时也没有辜负校领导和老师的期望。不仅学习十分出色，而且工作，课外活动、各项体育活动都很棒。记得有一次开学典礼，我在短短的两个小时内，八次登上主席台，可谓红遍了半边天。当时学校转发省三好学生奖，转发合江地区优秀学生干部奖，转发 M 市三好学生奖，颁发校三好学生奖，外加语文竞赛二等奖，俄语竞赛一等奖，滑冰比赛第三名，学生代表发言。我共八次走上主席台。我为我的成绩感到自豪，但同时也觉得这些都是暂时的，更大的考验还在后面呢。我要更加努力面对未来的挑战！

# 两个文武双全的人

　　当时在我们学校，以至在M市教育局都相传，M市十一中出了两个文武全才的人。一个是我，另一个是我的同学迟春天。我们两个人是小学同班同学。他是班长，我是班级最差的学生。但是，那时我们的数学成绩却不相上下。每次做数学题，我们两个都是班上最快做完的几个人之一。而我的语文成绩只有30分或40分的水平，因此，我们基本上不构成竞争。巧的是，考中学我们班有三个男生考上了重点中学，一个是迟春天，一个是我的好朋友郑全顺，第三个人就是我。郑全顺分到了二班，迟春天分到了四班，我分到了六班。郑全顺的学习后来没有特别突出。但是，我与迟春天却开始了互相促进的竞争。他担任了他们班的中队委员，我担任了我们班的中队委员。后来他担任了他们班的班长，我担任了我们班的团支部书记。再后来他担任校学生会的副主席，我也担任了校学生会副主席。在数学竞赛上，物理竞赛上，语文竞赛上，我们都频繁亮相。到了高中一年级结束的时候，我们两个一同被选上黑龙江省三好学生，合江地区优秀学生干部，M市三好学生，校三好学生。更巧的是到了高二我们两个分到了同一个文科班，开始了新一轮的竞争。

## 中学决定一生

在文科班，班主任是一个男老师，而且重男轻女。他非常喜欢我们两个人，于是就让迟春天当班长，我当团支部书记。在学校由于我们两个人都非常优秀，难分高下。所以，学校没有在我们两个人中间选一个人当学生会主席，而是让我们两个人都当副主席。我们在工作上、学习上竞争十分激烈。我在学习上比他好一些，他在工作上比我好一些，因此我们两个人是半斤八两，一直持续到高考。我考上了北大，他考上了中国政法大学。后来在人生的道路上，我们都取得了十分令人满意的成绩。

## 拜复读生为老师

进入高三以后，我们班分来了很多复读生。他们有的人去年已经考上大学，但是，嫌弃学校不好，没有去报到。有的人去年高考成绩很好，但是，报考的志愿太高，又不服从分配，所以，最后选择复读。因此，这批复读生的总体素质非常高。我们班的原来的学生非常好，没有一个排斥复读生，大家很快就成了一家人。我当时感觉复读生绝大多数人比我们原来的同学成熟。他们经历了人生最大的坎坷，同时，又有了高考的经验，这不是我天然的老师么？我虽然没有明说，但是，我内心深处已经把他们当成了老师。

他们中有个人叫蔡保卫的男生，给我的帮助最大。这个人特别擅长演讲，尤其是周日自习的时候。那时，已经进入高三，所以，很多人星期天都来学校学习，我自然是其中一个。学习一会之后，大家就聚到一起聊天。这时候，蔡保卫就开始演讲了。他课外杂书看得非常多，各种野史也了解得很多，讲起来旁征博引、妙趣横生，而且，内容也非常吸引人，又有很多自己独到的见解。他领袖传记看得最多，他能把很多历史人物与现在的事物相联系，给我很大启发。例如，他说"希特勒曾说过，那些曾经的好学生后来在社会上都失败了。"后来我上了大学，曾专门查过希特勒是否说过这样的话。经查证这确实是事实。我当时就非常感到震惊。难道我们今天这么努力地考大学，拼命地读书学习就是为了将来走向社会失败么？当时蔡保卫的话对我影响很大，我们非复读生是绝对说不出这样的话的。我们只想考大学，蔡保卫的话对我考大学以后的人生路都有借鉴。后来我想，学习好的人未必都没有前途，但是，只是学习好，没有能力的人是没有前途的。所以，我在高三也积极参加学校各项活动，并且表现积极。最后一个寒假，离高考还有四个多月，我还配合团委记搞团支部书记培训班。全校所有的团支部书记在团委徐书记不在的时候，都归我指挥，我也乐此不疲，虽然离高考很近了。蔡保卫的长时间的演讲，对我终生影响都很大，连他自己都不知道。我后来上了北大，时刻用蔡保卫和希特勒的话来提醒自己：永远不要做个书呆子。所以，我在大学期间真正实现了读书破万卷，同时，担任了班级团支部书记、系团总支秘书长、校团委委员、东语系学生会文艺部长、四百名本科生中唯一一名系学生党支部学生委员。

　　复读生中还有特别刻苦的，也有很有生活经验的人。他们还有一个共同的突出地方，就是都有高考经验。那时，我偶然会有一些不知道还要复习哪些内容，我就去请教他们。虽然最后高考我比他们考得都好，但是，我依然十分感谢他们。

## 两个神经失常者：死读书害死人

在我读高三的时候，我们班发生了一件事，对我的震动很大。

我们班有一个女同学，学习非常好，经常考第二名。她上课的时候坐在第一排，我坐在第三排。不知为什么，上课的时候她总回头看我，我也没有特别在意。后来有一次下课的时候，我们在一起聊天，她问我："为什么你下课就出去玩，而学习又那么好？我每天都觉得时间不够。"

她下课了上厕所之外很少出教室。其实我什么时候学习她哪里知道！这件事似乎就这样过去了。可我万万没想到，几天后她突然神经失常了，还办理了休学手续。我万分惊讶，同时也为她感到惋惜。以她当时的状况来看，考上全国重点大学是绝对有把握的，为什么一定要与我一决高低呢？我小时候吃的苦岂是你所能体会得到的，况且人的情况各有千秋，要根据自己的情况量力而行。就算你超过我了，又有什么用呢？一个人即使考上了状元也未必在人生的舞台上取得大的成就，因为人的综合素质最重要，实际能力最重要。

后来在北大我见到只会读书或者家长一手扶起来的人很多，他们后来在社会上大都没有什么作为。无独有偶，一天，我在《北京青年报》上看到了一篇报道，重庆有一个女大学生在接到硕士博士连读的录取通知书的前三天突然神经失常。很多人都在为她感到惋惜，同时也对她的父母表示谴责。她的父母为了让她好好学习，不允许她唱歌，也不许她参加同学聚会。让她早5点起床，晚上22点睡觉，父母经常到她的宿舍突击检查。这一切给她的精神造成极大的压力，致使其得病。

其实她学习的强度并不大，她的主要原因是，别人强迫她做她并不想做的事情。同时，她自身并不知道她为什么学习，何年何月是个尽头，这样下去生活还有什么意思？如果她的父母方法得当，那么这个悲剧也许就不会发生了。

很多人都在谈素质教育，这无疑是对的。素质教育包括很多内容，但核心是培养孩子建立正确的世界观，也就是告诉孩子人为什么而活？如果孩子没有一个健康的人生观，他一定会在纷繁复杂的生活中迷失方向。最后出现包括心理疾病在内的各种问题，甚至跳楼自杀也时有发生。因此人生观的教育非常重要，只有建立明确的人生观，读书学习才不会迷茫。另外，孩子读书的重点是培养能力，包括观察问题的能力，提出问题的能力，分析问题的能力和解决问题的能力。一个人要读有字之书，更要读无字之书。要读社会这本无字之书，提高自己的实践能力，适应社会，把握自己，把握现在，开创未来。

一个人必须有自己的生涯规划。也就是说你必须知道你一生都要做什么，要怎样去做。要有明确的人生目标，这样你才能不被眼前的困难吓倒。人的生涯规划非常重要，现在在西方人力资源管理中，人的生涯规划已经成为人力资源管理中的最重要的一部分。

我在中学的时候，还不懂生涯规划的理论，但我用自己的方法其实正建立自己的生涯规划。我当时要考北大，然后做外交官直到外交部长，这本身就是生涯规划。

那时，我的书包里永远放一本书《毛泽东的青少年时代》，每当我遇到困惑的时候，每当我不想工作和学习的时候，我都会拿出这本书来看。年轻时的我经常模仿书中的浪漫的东西。书中写到毛泽东经常在岳麓山上行冷水浴，并且在狂风大雨中大喊大叫等等。我也非常渴望到恶劣的大自然中去接受洗礼。

当时我和好朋友刘仁意，我们两个人志同道合，经常在一起讨论学习方法和探讨人生观的问题。我们两个人都是毛泽东的崇拜者，于是，在高考前复习最紧张的时候，我们两个人放下书包，单独骑自行车到四丰山去了。

那是一个非常阴冷的早晨，我与刘仁意在收发室里热饭，听到天空响起了雷声，我们俩一商量，就带上饭盒，骑上自行车朝着四丰山出发了。一出城，城市的喧闹声就听不见了，代之以大自然的静谧。阴霾的天空时时飘过阵阵的雷声，田野的芳香沁人心脾。农民们纷纷离开田野，眼看一场大雨就要来临，我们俩却毫不畏惧，我们既没有带雨具，也不躲闪，而且，我们正渴望暴风雨来得快一些，猛烈一些。我们正要在大风大雨中磨练自己的意志呢！后来天公不做美，雨没下起来，风也停了，太阳也钻出了云层。原本设计的到大风大雨中洗礼的活动就变成了郊游。我们俩翻过了一座又一座的山峰，穿过了一片又一片的树林，最后我们坐在最高的山峰上。面对群山，我们时而引吭高歌，时而放声喊叫。嘹亮的歌声响彻云霄，余音环绕，空谷回响。然后我们畅谈理想，畅谈未来。完全忘记了高考的事情。我们的心胸变得宽广了，目光变得更远了。其实一个人的心胸越宽广，人生目标订得越高，他看问题就越远，越有深度，越不被眼前的一点小事所困扰，甚至在最关键的时候，依然能镇定自若。

# 高考出险情，关键时刻心理决胜

临高考的前 3 天我们就放假了，一切都安排好就等考试了。长期紧张的大脑突然放松下来，几年来的困意一下子涌上来。我再也不必用凉水冲头了，倒在炕上就睡着了，怎么也睡不醒。一连睡了 3 天 3 夜，直到考试前父母才把我叫醒。

我吃完了早饭，带上准考证就上了考场。结果麻烦出现了，在考场上我极不清醒，好像没有睡醒一样。考卷发下来后，我一个字也看不懂，反反复复看了一个多小时也没看懂。时间已过去一个多小时，只剩一个多小时了。我急了，6 年的寒窗苦读就这样付之东流了么？我急得汗刷刷地往下流，我又叫老师往我腿上泼凉水，就这样才总算清醒了。于是我拼命地答题，直到铃声响起的时候，我也没有答完。

就这样，我语文考试得了 76 分（120 分满），相当于百分制 62 分。而我们班语文的平均分是 86 分。而我要考北大，语文必须在 100 分左右。在第一门的考试中我就输了 20 分以上。如果换了其他人，早就跑到一边哭去了。但是，我的心理素质比较好，我不再想语文了。已经考过了，好坏也不能重考了，还是抓紧后面的考试吧。在后来的 5 门考试中，我超常发挥，大脑是 6 年来最清醒的一次，每门考试题我都非常轻松地做答，终于通过了考试。

后来估分的时候我预估自己的分数远远超过上年北大的录取线，所以在报志愿的时候我毫不犹豫地报了北京大学和中国人民大学（因为清华大学只有理工科，所以我没有报）。我心里在想，就算再坏，我也有把握考上人民大学的。结果我的第一个志愿被录取了。我终于成为北京大学的一名学生了。中国只

中学决定一生

有一个最高学府，只有一个北大。全中国的中学生哪个不渴望考上北大？我用我几年的努力，终于实现了中学生的最高梦想。所以，我坚信，有梦想，才能有辉煌。

## 我的6个方面的总结

我小的时候是班级里最差的学生，差到被学校开除。但自从上了中学以后，我就不断地进步，无论学习还是其它方面，我的进步都是非常巨大的。这是为什么呢？

第一，我有一种不甘人后，追求卓越的强烈愿望，因此会有一种拼命精神。

无论在什么艰难困苦的环境中，我都会想尽一切办法去拼搏。例如在我小的时候，我们同伴一起玩，我每次都要争第一；第二永远不属于我。这种精神的积极一面就是不断激励我奋发向上，永远进取，不断创新。滑冰我要永远最好，虽然经常掉到水里。但我毕竟磨练了自己克服困难的勇气，日后我每次遇到困难的本能反应就是克服它，而不是找借口。当然这样争强好胜也有它的负面影响。但从积极的方面来看，它的作用是显而易见的。

其实，每个人都有自尊心，只是有一些人总喜欢找借口而已。我有一个外甥，人很聪明，但就是喜欢找借口。每次考试考不好的时候都有无数的客观理由，这样自己就可以堂而皇之地原谅自己，久而久之，自己就麻木了。结果可想而知。

第二，我学习的动力来源于自己，而不是靠父母逼着学。所以学习起来就会有一种忘我的精神，为此付出多大的努力和辛苦我都无怨无悔。

任何一个人，如果他自己不想做某事，别人就是用十匹马也休想把他拉动。所以，我认为 ，发自内心的强烈的学习愿望就决定了我会自觉地学习，而不需要任何人来管。在高中的紧张时刻，我经常一个人在冰冷的教室里学习，没有人监督，也没有人辅导，有的只是自己要考入北大的愿望和挑战。

在大年三十的除夕夜，我一个人在学校学习至深夜 10 点多才回家，我从未感到孤独与寂寞。因为虽然只有我一个人，但我的内心却有一团火，这是奋发向上的火焰；这是一颗青春的心在燃烧；这是一个要干一番大事业的心愿。所以在我面前还会有什么困难么？

第三，对人情冷暖的感悟，使我形成了人生必须要自强不息的思想。

记得在《隆中对》一文中诸葛亮曾分析三国鼎立的时候说：曹操能够战胜袁绍，非为天时，也有人的谋略的因素。现在曹操挟天子以令诸侯，此诚不可与争锋。而孙权已历三代，又有长江天险，此可以为援而不可图。曹操和孙权为什么不可图呢？一句话，他们很强大，所以不能欺负。那我们欺负谁呢？荆州之主不能守，益州刘璋懦弱，虽是刘备的亲戚，但他们弱小，好欺负，所以我们就把他们吞掉。

诸葛亮的优胜劣汰、弱肉强食的理论也被后世的人们所认可。所以说，在任何一个世界上，我们都要自强不息。你自己不努力，将来没有人能救得了你。世界上从来就没有救世主，也没有神仙上帝，一切全靠自己。如果你不能适应社会，不能成为生活的强者，你就会被动受气；如果你自强不息，虽不一定完全把握自己的命运，但总可以进退有余，不会轻易被社会淘汰。

我从小就对这一道理有非常深刻的认识。所以，我会自己努力学习、工作，尽量成为强者，成为对社会有用的人。而不要成为饭桶、草包，被人欺负，到时候只能怨天尤人，无济于事。一个人应该在平时就做好各方面的准备，等待机会；而不是平时无所事事，等机会从身旁擦肩而过以后才埋怨老天不公平。

现在的很多年轻人依靠父母的血汗钱，醉生梦死。今朝有酒今朝醉，哪管春夏与秋冬；也有的人，为眼前的小成就所迷惑，故步自封，不思进取。在大浪淘沙的今天，就可能无法适应新的环境，最后为时代所淘汰。

第四，我有长远的目标，不为眼前的一点小事所烦恼，一切服从大局。

在高中的时候我的目标就是上一流的大学，因此，凡是与此相矛盾的事情，我一律摒弃。有的时候，我按我自己的计划进行，但当天学习的东西有时要随堂测验，我不能为一次小的测验就影响自己的计划，所以有时小的测验，我的成绩在全班排在后几名，我也在所不惜。大行不拘小节，大礼不择小让。为了长远的目标，我们要有一种执着的精神，甚至牺牲一些小的眼前的利益也在所不惜。如果一个人胸怀大志，他的一切都将与众不同。他不会因一点小事与人争吵，也不会因鸡毛蒜皮的事而烦恼，有的只是一种豪迈的气势，犹如滔滔江水滚滚向前，势不可挡。

第五，我注重全面发展，培养自己各方面的能力。

小的时候，我整日在社会上游荡，我的技能很全面。排球、篮球、羽毛球我很小的时候就学会一些；象棋、跳棋、陆战棋、围棋我玩得过得去；游泳、滑冰、曲棍球我都会一些；还有一些当时当地很有趣的玩的东西：漂盖子、掷爬犁、弹瓶盖、弹溜球、打弹弓等我都在行。在这些活动中，我锻炼了自己的动手能力和社会活动能力。后来上了中学以后，我又开始各种社会活动，这样，我除了学习之外，还对社会上的很多事情有一些粗浅的认识。后来在北大我遇到很多困难，以及在工作的时候，被撤职后我依然能东山再起，并且被撤一次之后，我就更上一层楼，取得比原来更大的成就。

我认识的一些北大同学，有的在中学时只知道学习，而不谙世事。在北大里适应不了独立生活，整日郁郁寡欢，最后留级或被开除。其实大学校园的生活还是比较单纯的，连这样单纯的生活都不能适应，将来怎么能适应复杂的社会生活呢？

第六，不断反省，不断总结，不断提高。

再聪明的人也会有糊涂的时候，再精明的人也会有摔跤的时候。关键是看你能不能及时反省，及时总结。在上初中的时候，我的学习很不稳定。这次考第一，下次就可能第二。每次我不是第一的时候，我都在发下考卷的同时，就把试卷重新分析一遍，不是简单的重做，而是一字一句地找差距。分析这道题的含意是什么？老师为什么出这道题？要考我们什么原理？然后我再利用假期把学过的原理重新定位，重新理解。我对很多的书上的内容理解得很深，基本能达到融会贯通的程度，将来考试不论怎样变化我都能从容对待。

同时我也善于把日常的事情与学习联系起来，分析做人的道理和做事的方法。那时我有两件工具：一件是日记，一件是文具盒。我把每天发生的事及自己的感想都写在日记上，这是比较系统的感想。有时，我突然有了一点感想，我就在文具盒里放一张白纸，把诸如"粗心"、"马虎"、"浮躁"、"要稳重"、"素心"、"毅力"、"拼"等我容易犯的毛病或正面的感想及时写出来供自己反思。

日常生活中有很多的人生哲理，就看我们能不能及时采摘，能不能及时转化为自己的东西。我中学的大部分日记和留言条写的都是感想和方法，而不是具体的学习内容。方法具有通用性，也可以举一反三，因此在方法上多下功夫，是一本万利的事情，是永远可以享受的资源。

# 第三篇

## 中学日记摘录

中学决定一生

# 1981 年 9 月 6 日

今天是星期天，这对别的孩子来说是极其渴望的一天，昨天我还以为在这一天里把过去学过的功课复习一遍，但是现在已成为泡影。

我心里非常愿意学习，但是还没有坚强的意志，学习一会儿就想出去玩玩，天长日久了也就养成了毛毛草草、粗鲁心慌的坏习气。今天上午学了一会儿，就想玩球，玩球的时候想学习，学习时想玩。学这样还想学那样，学会了一点又骄傲，遇到难题就发脾气，这都使我的学习有了一定的阻碍。

我并不是不聪明，但也不聪明。如果不好好努力，每天不把当天学过的东西学会，不把明天要讲的课程预习一下，学习成绩一定不能提高，高考就不一定能进重点大学。

现在所有的学生都在努力，我要加倍努力，争取赶上一中的好学生。

# 9 月 9 日

做什么都要会来事，谁都愿意听好话，而不愿意听坏话。多说几句好话，就可使他真心实意地和你交朋友，你对他一片真心，他对你也实意，否则，会言语伤人，破坏团结。

对待下级，要经常说我无能，取得成绩是大家的功劳，如果你们都不努力去做，都拆台，我是什么事情也做不好的。这样会来点事就可使部下和睦，无非是一种好的方法，并不是什么不好。

对待上级要有礼貌，经常汇报工作，请示工作，使上级对你有个好的印象，工作也就顺利。

总之，具有亲和力，就能使上、下都对你有好印象，做什么事情只要你一说，下面就积极响应，上级大力支持，事情就做无不成了。

## 10 月 30 日

我心中有个问题一直使我很难解决，这就是学的知识就背，能不能使记忆减退，大脑受到影响呢？

今天我又反复考虑了这个问题，最后觉得这想法是错误的。首先，人们每天要进行交际彼此往来，言谈话语都要动脑筋，所接触的事物繁多，但都有一定的印象，有的甚至几十年也不忘。古人说："一朝被蛇咬，十年怕井绳。"这里的十年指的是很多年。但是，即使是五十年，也记得当时被蛇咬的情景。这就说明了人的智力是取之不尽，用之不竭的。另外，据科学杂志报道，人的脑细胞极其敏捷，能在极其短的时间内发生反射，然后又恢复原状。这时候人们只要清晰地把东西记进去，不但不会影响大脑，而且还会促使大脑发育快，延长寿命。总之，这种想法是片面的，不正确的。人们只要把脑力和体力劳动有机地结合起来，是一定能取得好的成效。

## 1982 年 3 月 8 日

今天在开学式上，迟春天同学那热情洋溢的发言，使我很受感动。迟春天同学那高超的文学艺术，那动人的语句，那委婉的措词尤使我敬佩。同时也感到自己有一种不足。迟春天同学在小学时就和我一班，那时他是班长，我是班里的淘气包，他当时语

中学决定一生

文水平就很高，而且说话口齿清晰，口才很好。不仅语文好，而且数学成绩也很好。初中时，他数学竞赛获第一名。他在这次数学竞赛中又获得第二名。总之，他学习非常好。相比之下，我望尘莫及。我和他一直是同学，而且同时入团，同时担当学生会里的职务。可我却是不值一提的。我不仅语文水平低，而且数学和其他科目的成绩也很差。今天，我上台领奖时，心里就很不好受。在初中时，我的成绩有了一定提高，考高中时比迟春天同学的分数多。但上高中以后，我的学习成绩却下降了许多。我在这学期里一定要少玩，多学习，勤工作。争取把语文、数学成绩提高到赶上或超过迟春天的高度，把总分提到六百三十分以上。

学习计划：

| 5：00 | 起床 |
| 5：50——6：50 | 外语单词 |
| 7：20——7：50 | 语文字词 |

中午：物理学习指导上的题

| 3：00——3：45 | 外语 |
| 4：00——4：45 | 语文 |
| 5：00——5：45 | 数学 |
| 5：45——6：20 | 历史 |
| 7：00——7：45 | 物理 |
| 8：00——8：45 | 化学 |

星期日学习计划：

| 5：00 | 起床 |
| 6：30——7：30 | 外语 |
| 8：00——9：30 | 劈木柴 |
| 9：30——11：00 | 洗衣服 |

| | |
|---|---|
| 12：00——2：00 | 数学习题 |
| 2：00——3：00 | 政治 |
| 3：15——5：00 | 化学习题 |
| 5：00——6：30 | 物理习题 |
| 7：00——8：00 | 作文 |

## 3 月 28 日

　　知识好比一些零碎钱，零星地撒在地上，学习的人好比在地上捡钱。有的人拿着一根绳，拾到一个穿一个，把钱一串串穿好；另一些人则是把钱拾起来堆成一大堆，虽说能有一大堆钱，但是如果想用一个大钱，可就不容易找到需要的那个。如果把钱串成一串串，那么携带、保存都很方便。因此，我主张要把知识连贯地学好，扎实地打好基础，地基铺开。

## 8 月 19 日

　　今天，我们讲了语文课文，老师给我们出了很多解词，我一个也不能全答上来，但都似乎见到过，懂一些，这就使我急燥、轻浮的弱点暴露出来，同时也使我认识到：学习必须要细心钻研，去伪存真，由表及里，取其精华，剔除糟粕。

　　古人朱熹说过："字求共训，句索其旨"。这句话很值得我们深思，读书能这样认真地读，我们学习为什么就不能呢？学习心浮燥是不能取得好成绩的。因为你学了一点肤浅的知识就自满了，以为学到了真的知识，这样做即不能把学到的一点知识记住，更不能正确地应用它。就象苏轼的《石钟山记》里的唐人李勃，不深入钻究，做一些肤浅的了解，听别人说，而不自己实地考察，就认为自己找到了石钟山的由来，因此被后人耻笑。只有像苏轼那样孤舟夜入狭水，深入研究，才能真正得到石钟山由来的原因。因此，我们不该像李勃那样浮燥，要像苏轼那样做深入细致地研究，学到点真本领。

总之，学习不能浮燥，要勤奋加细心学习一些真的知识。

## 8 月 21 日

"学必精。"样样通，样样松的缺点一定要克服掉。

我们在学习上，都想学好，但精力和条件又是有限的。这就需要我们能够做到举一反三。学了一个就要把它弄懂、弄清楚，向深度进军。切忌那种差不多了，看一遍就会了的毛病。但又不能只学一点课本上的知识，这就需要我们既要学好书本，又要看些课外书，但主次分明，把该学的联系起来，培养把知识系统化的能力。不能盲目地见什么学什么，把精力分散，结果把学业荒废了。

总之，我们要学就学精，不能样样通、样样松，用更好的方法来学习好科学知识。

## 8 月 31 日

今天，语文老师让我们造句，我拿起笔来想了很久，也不知道为什么就是写不出来，平时学的词多得很，可就是不知这时都躲到哪儿去了。

回家后，我想来想去，似乎想出了一点原因。这就是，我平时记住的词不会用。光能记住这个词的解释而不会运用就等于不会，而且也不可能掌握得很好。

今后，我想学习语文时先预习一下，把课文读两遍，解决字，要求会解释、会组词；解决词，要求会解释、会造句；解决句子，把难的句子划分一下成分或复句关系，把好的段落背下来；解决章，先分段再分析。总之，学语文要讲方法。

## 9 月 5 日

今天，看了《战斗的年华》这部影片后，很有感想。影片那逼真的画面为我们展出了抗日战争的情景。影片表达出的"团结一切力量，积极抗战"的主题特别值得我深思。

"团结"是极其重要的，无论做什么事情都不可缺少。汉朝的刘邦在打下秦的都城咸阳时，制订了约法三章，用这个来拢络人心，这是最初的团结，使刘邦打胜了项羽而做了皇帝。影片中的贺龙在部队里既团结领导又团结战士、群众，使贺老总很受欢迎和爱戴。我党就是靠团结一切可以团结的力量，才打败了日本帝国主义。在过去团结是这样的重要，那么今天要不要团结了呢？

今天，我们更应该团结。中国要建设现代化，要团结各族人民。我们个人更要团结一切人。好的人，我们不但要团结，而且要接触他，把他当作自己的知心朋友；坏的人，我们也要团结，只是处处小心提防他；对于中等的人，我们应积极团结他，使他靠近自己，自己才能万事无殆。

总之，"团结"是极其重要的，它对我们的生活和工作有极其重大的意义。我们一定要搞好团结。

## 9月6日

今天，我参加市级数学竞赛摸底考试。我没有被录取上，这不是说我数学不好，而是我太固执、教条的原因，是没有考场经验的原因。

这次考试中我的教条思想完全反映出来了。比如最后一道题，自己明明想对了，但又考虑到竞赛能这样简单吗？随即否认了，没敢填，结果会的题没敢做。有些题一看就能看出结果，但自己总追它的根据，结果追来追去不会做了。这是件好事，平时，如果总是这样做，时间长了头脑中养成了逻辑推理的能力，使做出的题都有理论根据。

另一个原因是没有考场经验。有的题简单，一看就会，结果自己就大致地做了一下，这些该作对的题都没有作对，把时间白白地浪费在难题上了。这个缺点在考高中时就犯过。那时答政治题，一看前面的小题每题 2 分，便不以为然地随便答了几笔，结果扣了许多分。

今后考试要做到会做的题都作对，不会做的用学过的知识试做。向迟春天同学学习，做一道，对一道，不骄不躁地答题。

## 9月7日

今天，学校领导召集我们开会，说我和迟春天同学被评为省三好学生，明天去市里开会。我听了这个消息后，浮想联翩，思潮起伏，激动的心情无法平静。

评上了省三好学生，这固然很好，这是很光荣的，但光荣意味着什么，光荣意味着责任，意味着今后的学习更重。我现在的学习成绩已经很低了，这使我很不安和难受。我要想下次继续当上省三好学生，就必须努力学习，讲求实效，把知识学扎实，把成绩巩固住。工作要尽量在不影响学习的情况下做，但还要做好。做事要瞻前顾后，把各方面都照顾到，尽量团结同学。

现在同学们都在努力地学习，学习成绩相差不大，但有很多同学学习已比我强，特别是迟春天，他的学习成绩又有了很大提高。许洪斌也上来了，他的学习成绩一直很好，工作也比较好。

总之，要想保住省三好学生，就必须努力学习，刻苦加勤奋地钻研。把学习成绩稳住，才能继续当省三好学生。

## 9月9日

今天是我最难忘的一天。在这一天里，我思想感情的潮水在放纵奔流着，它使我想把这一切都说出来，写出来。

今天下午一点半钟，省三好学生、市三好学生奖励大会隆重召开，我们8个省三好学生被叫到台上就座，这是多么光荣、多么幸福的呀！此时此刻，我的心怎能平静啊！我好像坐在一只颠簸的小船上，心情随着碧波荡漾。我想到了我童年那段不快的往事，想得很多。我憧憬着美好的未来。正想得起劲，忽然一阵热烈的掌声打断了我的思路，原来市教育局长已经宣布完省三好学生、市三好学生的名单，下面马上就要举行发奖仪式了，我激动得眼睛都潮湿了，我激动得腿都软了，我走到领奖台前，双手接过那沉甸甸的奖品，心里又是一阵不安，我心里在暗暗地下决心，我一定要乘着这个会议的东风，鼓起我学习的风帆，趁着这风华正茂时节，发扬只争朝夕的精神，把学习抓好，以优异的成绩迎接高考。

人生的道路是漫长的，困难是一重接一重的，我们生活在社会上，就要有一定的适应能力，有豪放的性格，就要虚怀若谷，心胸坦白。

人生的道路上是坎坷不平的，灾难和幸福是随时都有的，正如俗话说的那样"天有不测风云，人有旦夕祸福"。有时你正在愉快地工作，忽然得急病要治疗；学习成绩不佳落榜；工作不顺利，不小心造成损失等等，都是随时可能发生的。但是，我们怎样对待这些困难和意外情况呢？这就要求我们在困难面前不低头，在疾病面前不发愁，在工作面前不恐惧，在个人得失面前不计较。只有这样做，才能使自己受到的挫折不至于加深以至导致严重后果。我们不但能在受到打击的时候不堵气，不孤注一掷，还要预防不应有的坏事情发生，要时刻小心谨慎，量力而行，却不可好胜，更不能不懂装懂，不能干硬干。要注意自己的言行，尽量说别人好话，不说坏话，做到良言一句三冬暖，决不能恶语伤人六月寒。要团结别人，在人生的大道上阔步前进，放声高歌。

## 9 月 11 日

今天，我听张群同学讲了一个故事：

从前有一个皇帝刚继位，国家很乱，贪官酷吏很多。这个年青的皇帝第一天上朝就宣布一条命令："所有的大臣不许随便议论皇帝，不许私自进谏，违令者斩。"法令宣布后多数大臣乐得合不上嘴，但也有少数大臣叹气、叫苦。一连几天无人进谏，把年青的皇帝急得团团转，他坐立不安，天天吃不进饭，睡不着觉。有一天，老丞相身捆绳索到后宫求见皇帝，这位老丞相一见皇帝就说了许多不客气的话，对皇帝不理朝政的情况做了抨击，他脸色气得发青。皇帝却越听越乐，乐得合不上嘴，一阵笑声传出宫廷。随后皇帝命令人把绳松开。从此皇帝重用这位丞相把国家治理得非常好。

这个故事告诉我们一个道理"家贫出孝子，国乱出忠臣"。关键时刻最能考验人。只有烈火才能识真金。我在今后为人处事中一定要学习这种工作作风。

## 9 月 13 日

这几天我又像精神不正常一样，整天松松垮垮的，很不像样子。自习说话，看杂书，课堂不注意听讲等。这些将使我的学习成绩会降下来的。不用说高考，就是平时考试恐怕也不能取得好成绩。自习说话、看杂书，这就牵扯精力，占去了时间。一天除去几个小时睡觉时间，去掉上学走路时间，去掉吃饭时间，剩下的时间就不多了，再加上有时上课困等等，实际学习时间不过十个小时，但我基础还差，还要补习过去的知识，这样，时间就远远不够用了。从前有个人很勤奋地读书，自己家没有灯，他就把墙打了一个窟窿，使邻居家的灯光透过来，他就趁着这一线灯光看书，孜孜不倦，常常到三更半夜。这个故事好就好在他有个勤奋的精神，能够在没有条件的情况下创造条件学习，这是难能可贵的。我的学习也应学他那样，抓紧点滴时间学习。

## 9 月 14 日

今天，我学会了一个新的学习方法，这就是归纳法，学完一段知识后，把内容归纳起来可以收到显著效果。

学习是极其复杂的事情，学习的知识是纷繁复杂、多得不可胜数的。我们学到的知识都是零碎的，即不便于记忆，又不便于应用，到用时就像茶壶煮饺子一样，倒不出来。特别是知识多了的时候，就会出现学了后头忘了前头的现象。比如我们学习功课，学完了一章后，就该把这章的内容列出表格来对比记忆，使这部分内容系统地、有条理地记在脑子里，到做题时，就会有条不紊地把学过的知识答出来，不管问题怎样变化都能做出来。

有的同学背得很熟，但是只是一道道孤立的、死板的题，而且只能按顺序背，按原来问的题目回答问题，这种死搬硬套的学习方法是不行的，这样做的结果必然会使自己成为一个呆板的、无生命力的留声机或录音播放机。一时遇到没见过的题目，就不能用学过的知识来做出答案，只会说："我们没学。"这样的例子多得很，举不胜举。

总之，学习上应用归纳法是一种进步，是我自己在实际学习中摸索出来的，在今后的学习中一定会取得成效的。

## 9 月 17 日

从前齐国有个人，他很想得到金子。于是，他就到市上拿起别人的一块金子就走，结果他被人抓到了。官吏问他为什么光天化日抢金子，他回答说："我拿金子时，只看见金子而没看见人。"这就是齐人攫金这个成语的由来。这个成语好就好在片面性，做反面教材，使们能够从中得到启发。

看问题全面一些是极其重要的。我们看一件东西好与坏要把它的性能、形态等联系起来看，分析它的独特之处，以便对此做出正确评价。不能犯齐国人那样片面看问题、只凭主观愿望去臆造。这样做是违背实际的，必将导致到被人抓到的结果。学习也是这样，要全面地观察、分析问题。我过去经常犯的毛病就是遇到题一看，如果自己会做，就乐得像齐人见到金子一样，不顾一切，不加分析地写出个大意，结果很不全面或者完全是主观想法与原题不符的情况。

## 9 月 20 日

人无灵与庸之分，生理上的灵感和迟钝并不是真正的聪明和愚蠢。坚持不懈地学习的人就一定能成为真正聪明的人。不学的人，即使原来很聪明，也会变愚蠢的。这里说的学习不是一时的心血来潮，而是坚持经常不懈怠的学习。学习一会儿容易做到，难的是永远以旺盛的精力、极大的热忱学习下去。

今天班会上老师说的关于说笑与工作的关系的问题，我很受启发。

做事情要看具体的环境。在说笑时要谈笑风生。在严肃的场合一定不要开玩笑，切忌没正经儿的、在什么场合都吹牛、说笑。别人与你说正经的事，你却说笑话，这样会降低你的威信的。

## 9 月 23 日

时间真快呀！转眼开学已经一个多月了。开学前，我立下的豪言壮语，雄心壮志，现在早已成为泡影。我学习一会，就满足了，总是这样，以为自己学得时间长了，脑子会累坏的。日记也经常中断，即使写了，也是捡鸡毛凑掸子。这样是不好的。学习要时刻注意不能自满。学习要学而不断，与此同时，多参加体育锻炼，保持住 8 小时睡眠，只要坚持这样做，身体就不会累坏的。因此，要劳劳逸结合。

## 9 月 28 日

今天我参加了团市委的第十四届团代会。我这一天沉醉在无比幸福之中。

我们早晨八点钟开会，十点半结束的。十一点半到市政府机关食堂吃午餐。午饭十分丰盛，而且便宜。下午，我们打扫半个小时的卫生，1 点钟我就回班上课了。我从这里可以看到这次会议的重要，同时也看到自己肩负的责任的重大。如果我学习不好，是不可能有资格参加这样盛大的会议的。我过去在学校里学习成绩一直不算最好的，那是因为我总是耍小聪明，学习一点也不扎实，但并不是一点优点没有的，我能注意总结，注意归纳，这是我以前学习成绩好的一个重要原因。今后我要能再细心点，再踏实点，学习成绩就能真正地提高。到那时，我还能参加更大规模的盛会，不能取得更大荣誉。

## 10 月 2 日

今天我在学校学习了一天，名义上是一天，其实是白白地浪费了一天时间，什么也没复习好。

早晨到校后，没有人在那儿上课。因此也没有上、下课铃，也就没有了正常的作息时间。总在屋里，似学非学，说没学还看着书，说学了还没学进去。结果是玩没玩好，学没学好。另外，我学的时候精力也很分散，学的知识都是表面化的肤浅的东西，真正提出问题，我还是回答不上，这就是学习上最忌讳的一知半解的表现。再一方面，我学习时思想上还在想着自己身体能不能受难住这重任的压力呢？这样一想不觉就悲观起来，学习的进取心也就没有了。

总之，这一天里我的思想上想的与学习无关的事就这样多，我还能学习好吗？我现在把问题分析清楚，使明天不再犯这样的毛病。明天一定要学一个小时就休息，休息完再学坚持学，做到学而不停，牢牢地打基础。

## 10 月 5 日

今天我们进行了语文测验，我得了五十一分，成绩很坏，真是出乎我的意料。

我以前语文水平在班里是最好的，我回顾一下过去学语文的历程，我感慨地说："我是有潜力的。"以前我学语文每个字、每个词都要推敲几遍。达到成吟的程度。而现在我只是看一遍课文，走马观花地学一遍，就跟没学一样，遇到考试就答不上来。这说明学习一定要学深学透，学得好上加好、扎实再扎实，争取学过就不忘。

## 10 月 6 日

时间真快啊！转眼两个月又过去了，又快要期中考试了。我真担心，我在今后不到两年的时间里，真能把学习恢复到初中那样的水平吗？或者再进一步。一想到高考我就自惭知识浅薄难以应付这样大型的考试，可是我又一想，只要我现在努力，一切从头开始还来得及，况且我的基础还比较好，学起来较容易，这个优越条件我一定要好好利用，把知识学得扎实化、系统化、灵活化。多做一些课前预习，这里说的预习是指自己先学，把生字、生词或问题先做，做完再与答案相对，看作对否。这样做可以提高自己解答没做过的题的能力。高考的题都是没见过的，解这类题要用学过的系统化的知识。经过重新分析组合来解决这些问题。因此，我应该学点知识就归纳一点，并用学过知识做新题。这就是要取得好成绩的一种方法。

学数学要把定理弄得清清楚楚，把例题反复揣摩，在此之后多做习题。做一道，分析一道，总结一道，使自己达到举一反三的目的。如果片面地为做题而做题，那么，无数的数学题谁也做不完。因此，要做典型题，并勤于总结、归纳，以便适应做没见过的题的需要。

语文：预习：把字、词找出来，先自己解释，然后再把它同词典上的解释相对比，找出自己错的原因。多写作文。首先坚持天天写日记，每星期写一篇作文。对古文的字、词多分析其意义和用法并随时归纳。平时多造句以增加语法和修辞、逻辑知识。逻辑知识比常看，看见过就不要忘了。

外语：每课的语法要多练多思考，课后习题都做，单词不要忘记。要多看特殊名词变格和特殊动词变位。提高自己的创造能力。

地理：对基础知识要完完整整地背下来，对待综合题要分析、组织、解答。地图也要多看。

## 11月1日

今天，我上学过得比较愉快。但晚上很不愉快。白天在课堂上总发言，下课又踢球，因此，过得比较愉快。但随之而来的是自满、骄傲。因此，下午第四节踢了一节课球，晚上回家后又停电了。所以这一天什么也没学到。我很后悔，我学习不是生搬硬套，按图索骥，就是哗众取宠，华而不实。结果，现在我的学习是金玉其外，败絮其中。如果照这样下去，我决不会考上好大学的。学习实在很难，既不能过于悲观，又不能过于自我安乐，要正确对待，"遇事不怒"，要高高兴兴地、严肃认真地、一丝不苟地、按部就班地、循序渐进地、融会贯通地好好学习。

## 11 月 2 日

今天上语文课，语文老师把我们狠狠地批评了一顿。因为我们没完成作业。"按照这样下去，你们一个也考不上大学。"这是语文老师说的话，我认为很对。

首先，我们现在的学风极差。每个同学都是为了应付老师检查而写作业，这样在主观上就没有好好学习的打算。

其次，我们每个同学都没有坚强的毅力。整天下决心，但就是不去做，这是我们共同的特点。这次语文作业全班就有一个同学做全了。

再次，我们班同学学习都较"浮"。看书写作业都是干表面上的活，不去认真分析，看书看不出问题，做题照葫芦画瓢，不分析，不考虑，生搬硬套。

因此说，如果我们不能立刻纠正错误，从头做起、从基础抓起，我们考不上大学。

要想克服这些缺点，首先要锻炼自己的毅力，做什么事情都要达到雷打不动，风吹不走的程度。还要培养自己的学习乐趣。更要注意总结学习方法。只要这样坚持下去，我们的学习成绩一定会提高的。

## 11 月 7 日

今天是星期天，天气较晴。可以说是秋天少有的好天。但对我来说这一天却是白白地渡过了。这一天即未干活，也未学习，真是稀里糊涂过春秋呀。这一天真是太无聊了。怎样造成的这种情况呢？原因很简单。

首先，我的毅力较差，学习十分、八分就满足，就要与别人谈论一番。这样没有毅力的人怎能成大业呢？要成大业非有一条横心不可，学习也是这样，贵在坚持。

其次，是自己总骄傲，学习到一点知识就满足，而且还要在别人面前夸耀。这样必然导致自满，使自己陶醉在自己的点滴成绩上。人们常说："不怕慢，就怕站。"我这是学一会儿，站一会儿，结果永远不能把别人甩在后面，有时还会被别人追上。

再次，是这两天事情较多，学习时间有些不足。再加上哥哥回来了，家里人较多，又较乱。所以，我回家学习时间就较少了，在校自习几乎没有，而上课时我总饿，总想回家吃饭，课堂上也没利用好时间。

这些原因是我学习成绩不佳的前提。今后，我一定要把时间利用好，早吃好，午吃饱，晚吃少。下午在学校多呆一会儿，抓紧一切时间学习，同时趁零碎时间进行锻炼。

## 11 月 8 日

今天是星期一，我们家又买了一辆自行车，花了一百八十元钱，却买了一台没有安装好的车子，真是太不合算了。二百卖这种自行车不给安装，其理由是顾客愿意买，如果你觉得不合适，可以退回来，别人还买。我觉得这个理由是极其不合情理的。如果粮店把粮价涨到现在的一百倍，那么，百姓能不能因为价格高而就不买了呢？显然不能。这就是说对于人民生活必需品不能凭购买人的多少而随意抬高价格或偷工减料，以此来攫取高额利润。

## 11月9日

今天，语文老师给我们讲了许多关于学习的事，我心情非常激动。我学习上要多注意坚持学习，毅力锻炼。

学贵在坚持，这是学习上最重要的一条规则。学习要记东西就一定要重复记忆，把知识记扎实了。这就要求有意识地，有计划地，按部就班地，循序渐进地稳步前进。因此说持久地坚持学习是重要的。

坚持下去，持久地坚持下去是十分不容易的。要做到这一点非要苦练不可，下功夫苦练，练就坚定不移的思想意志。没有意志就不能坚持下去。我学习这么多年了，从来没有按照预定计划坚持学习的，总是三分钟热血，结果是功亏一篑，功败垂成。

## 11月16日

已经几天没写日记了，今天拿起笔来写字很不自然。想来想去也斟酌不出一句好的词语，说出来的话也不流畅。由此看来，要想有所造就，就应有一条恒心，不管有什么阻力也要坚持不懈地，从不间断地学习。

谈到毅力问题，我不禁想起了俄国著名作家奥斯特洛夫斯基的一段经历。他在双目失明的时候，他坚持每天写作、听别人给他读报纸，天天如此，从不间断，特别是在他生命垂危的时刻，他仍从早起床后到晚间睡觉前都坚持"读书"、写作，他以坚忍不拔的毅力进行学习工作。这难道不值得我们借鉴吗？他的踏踏实实地认真学习的精神难道不值得我们学习吗？

我现在也正处在长知识的时候，需要学习大量的知识，要学到知识，扎实地掌握住知识，实在不是件容易事。它需要我们有雷打不动的坚强毅力。我要以保尔为榜样，克服焦躁情绪，努力学习。

## 11 月 22 日

今天，老师给我们讲了一个故事：

从前希腊有个磕巴，此人非常有志气，很有毅力。他说话时常耸肩膀。后来他就在自己双肩上方绑上两把尖刀，然后练习讲话，每次耸肩，肩上都被刀刺破两处伤，他不因受伤而终止锻炼，反而天天坚持，长期下去他就克服了这个耸肩的毛病。但他说话还是磕巴，怎么办呢？他不能心急，不能急于求成，按部就班地天天照镜子说上两个小时，到一定时间以后，他就开始与别人辩论，练习自己的表达能力。经过长期的锻炼，他终于成了举世瞩目的大演说家。

这个人为什么能做出这样惊人的事情呢？这是因为他有坚强的毅力，有很大的志气！正是靠这两个基础，他顶住了他人的打击和讥讽。他成功地弥补了生理上的缺陷。

我现在是文科学生，将来一定要从事社会工作，嘴一定要能说，做事情要有计划有志气、有毅力像希腊那人一样，努力练自己的口才和争辩能力。

## 11 月 25 日

今晚在小伟家猜谜语。去猜第一个、第二个都猜错了。我看看答案，非常容易。"我怎么就猜不对呢？"我这样想着，"难道我脑袋笨吗？不，是我没有动脑，另一方面还因为我没猜过。"我总结了一下教训，又猜了两个，猜得跟答案差不多。通过这件事，我总结出一条经验，这就是当自己对某事物还不了解的时候，他对一切都感到陌生，然后，当他对这个事物有了一定的了解并且掌握了一定的规律的时候，他做事情的时候，就会得心应手，而不能百思不解，无从下手。这总的一句话就是了解、总结、掌握规律。

## 1983 年 1 月 15 日

人要成大业就要有谦虚的胸怀，待人要礼贤下士，做事要率行垂范，为人师表。

人生活在纷繁复杂的世界上，会遇到各种各样的人，很难使别人都团结在你周围，但只要你做事时总认为自己不如别人，说话时总打击自己，抬高对方，一定会使对方满意。我在最近一段时间内，发现绝大多数的人在说话时，总是说自己如何能干，工作如何好，但就不说，他即这样能耐，可为什么没有当上什么呢？这样一问方知自己不足。我在与同学的谈论中就总是夸耀自己如何会工作，会学习，但仔细一想，这都是哗众取宠，夸夸其谈。结果是弄得身败名裂，臭名远扬，同学们对我的印象也都因此改变。由此可见，做事情，特别是做人的工作，要更加注意谦虚，谨慎，礼贤下士。

另外，做事情要为人师表，率先垂范，这两方面是极其重要的。

　　要想做到上面这些，必须要时刻进行自我检察，看看自己做的事情对与否。每次检察都能发现自己的不足。一次比一次有长进，长期以往，便形成了习惯。使自己的品德能让别人佩服。

### 1 月 17 日

　　今天，我又制定了一个学习计划，但我已无决心完成了。我每次制定完计划，墨汁未干就坚持不下去了，三分钟热血。这是不能学习好的。

　　学习上最忌讳的是没有意志，没有毅力，就没有成绩，像我这样只会下决心的人是没有出息的。常言说"蠢人常立志。"这话说得真是千真万确呀。人贵有意志，一个人应有自己的意志，最起码应该说话算数。他无论在什么时候都应时刻提醒自己该怎样做这件事或那件事。说到做到，不半途而废。

### 1 月 18 日

　　我做事情最大的弱点是优柔寡断，这样做事是不行的，一定会使众叛亲离。不能成大业。

　　原来，我做事总是毛毛草草，不动脑考虑，这是绝对不行的。这样做有时会使自己闭门造车！严重脱离实际，有时会使自己想按着别人的错误的方法去做。这些对工作都很不利，是错误的。

　　随着年龄的增长，自己办事也逐渐开始动脑了，但优柔寡断的坏毛病也随之而来，并且越来越严重地阻碍了我的工作，影响到了我的威信。比如说自己认为一件事情很应该做，这时就应该果断地去做，不能犹豫一点。如果这件事情不应该做，那么就应下决心不做，无论谁让做也不能去做。

这就要求我办事一定要有三个过程：

第一个过程是分类过程。在这个过程中要把该办的事分清楚，看是不是大的事情，如果不是，就随便办了；如果是重要事情，就该进入到第二阶段。在这一阶段里，要分析一下这事的利弊，看看该不该做，该怎样做，做这件事的主导思想是什么，然后就该进入到第三阶段，在这个阶段里一定要做事坚决，果断，如果没有特殊情况，就该坚定不移地去做，任凭风吹雨打也要傲然屹立。

## 1 月 23 日

今天，我看了《毛泽东同志的青少年时代和初期革命活动》这本书，看了几遍还想看。

毛泽东同志出身在一个"富农"家里，家境不算富裕，但毛泽东同志从小就努力学习，有远大的抱负，他每天从早到晚总是扎在图书馆里或校舍里，孜孜不倦地学习，有时竟通宵达旦。他博学多才，博闻强记，博古通今，他的作文每次写完都要展览。他多读、多写、多想、多问，好学不倦，使他成为举世瞩目的文学家、革命家、思想家。

毛泽东同志在学校就积极地锻炼自己的组织能力和其它工作能力。他轻易不与别人谈笑，他从不谈论自己的成绩，也不谈论金钱和家庭的琐事，更不谈论情色之词。他听别人谈话时总是说："是"或"对"之类的话，等对方谈完后他再发表自己的意见。不"打击别人，抬高自己"。这是毛泽东同志最高尚的品质，他与别人交往中，就是表扬对方的长处，自己又很谦虚，使人们很器重他、尊敬他。

毛泽东同志也积极参加体育锻炼，他冬天冬泳，夏天也洗冷水澡，盛夏时还日浴。他从小就注重身体锻炼，因而在万里长征中，他在寒风中也傲然屹立，不屈严寒。

正因为毛泽东同志在青少年时期就注意德、智、体全面发展。因此，毛泽东同志到后来就能担当起中国革命的重任。我一定要向毛泽东同志学习，努力造就自己，把自己锻炼成为能文、能武的新人。

## 1 月 25 日

人生的道路坎坷不平。既有鸟语花香，也有阴谋和罪恶，有悲、有欢、有离、有合，人生在世，有如小舟航行于苍茫大海一样，随波逐流，可以安全可靠，但缺乏自己的主动性。任其所欲，可以心欢娱乐，但随时都有被风流吞噬的危险。人走在这样的艰难旅途上，随时都有疾病、落榜、受迫害等的威胁。因此，我们做什么事情都要有宽广的胸怀，拿出最大的力量去做，至于能否成功，那是无关紧要的。只有经得起严峻的考验，方能最后取得决定性的胜利，决不能做什么事儿都急于求成好高骛远，受一点挫折就发脾气或者自己生闷气，这样，都不利于我们的学习和工作。我们做事要有始有终，彻头彻尾，特别是在功亏一篑的时候，更应该加倍努力，否则就会功败垂成。还有更重要的就是人在取得成绩的时候一定要看到自己的不足，在自己受挫折的时候一定要看到自己的成绩。

总而言之，这是一个人在社会上要有所作为最简单的一些道理。我一定要把这些落实在行动上。

## 1月27日

今天，我和张群他哥哥谈了很多，谈得很投机，很好。他哥哥是黑大哲学系的学生。他给我讲了许多关于大学里的事儿，我听后深有感触。我想了许多，许多……

首先，要选好专业，要根据自己的兴趣来决定学什么专业。

其次是上大学后，俄语还远远不够，还要学会英语。

再次是上要锻炼好身体。

还有是勤奋加灵活。

这些都是上大学后最根本的方针。我准备把全部精力都拿出来做好高考复习，争取每天从早4点到晚11点，天天如此，应坚持半年，切忌不坚持，半途而废。上大学后要更加倍努力，争取有所作为。

## 1月29日

现在放假近半个月了，放假前的计划，现在都已成为泡影。人就订计划做事情，这本来是件好事，但我成天订计划，还总是墨迹未干，这样就会像寒鸟那样，永远也不能学习好。

从前有一只鸟，它从来也不搭窝。白天的时候，它展翅飞翔于湛蓝的天空之中，不觉有什么寒冷的地方。到了夜晚，它站在树枝上，被寒风一吹，哆嗦成一团，它的嘴还不停地叫着："得过且过，天亮搭窝！得过且过，天亮搭窝！……"重复地喊着，渐渐地睡着了。冻了一宿之后，第二天旭日东升，小鸟又重新恢复了它的天真、浪漫的劲儿了，又高傲地朝云霄飞去，至于搭窝这件事，它早已忘得精光。到了晚上它又挨冻了，它又喊这一套话，白天又忘了。总是这样，结果一辈子也没搭上一个窝儿，天天夜里挨冻。由此，我们不难得到启示：一个人学习也是这样，如果天天总下决心，但不去学习，那么他的理想就总也不会实现，他将抱恨终生。

## 1月30日

人贵在立志。立志则能成大业，非立志不以成大业也。要想有所造就，就应立下愚公移山志，克服一切困难，为实现这一目标而奋斗。

立志是非常重要的。古往今来，有多少有所作为的人都是从小立志的。南宋的岳飞，从小就立志拯救百姓，使百姓免受刀兵之苦。他正是由于从小立志，以后才能白习文，夜习武地天天锻炼。结果成为名垂青史的爱国将领。毛泽东同志从小就立志为挽救中华危亡而奋斗。正是因为立下了这个志愿。因此，他才能刻苦锻炼身体，通读各家学说，博览群书，最后成为博古通今，博闻强记的大文学家，成为举世瞩目的大政治家、大思想家，成为当代最伟大的马列主义者和革命领袖。如果他从小不立志，那么他不可能有那样顽强的毅力，不可能有那么惊人的耐力。因此说一个有所作为的人都应从小立志。

人立下志，就应为之奋斗终生。不应墨迹未干就不去奋斗了。人立下志就像打靶时立下了靶子一样，至于怎样去打那还得靠自己是否认真练习本领了。因此说立志和为之奋斗是同一过程中的两个阶段，两者相辅相成，但同时立志是前提，是基础。一个人连立志都不敢，那还谈什么奋斗呢？但要想成大业必须先立志，然后奋斗。

立志要根据自己的实际情况，不要凭主观臆造。汉朝韩信本来自己擅长打仗，不善于治理天下，特别是他目空一切，不听别人的劝谏，自认为是出人头地，超尘拔俗的人，这样的人不能当皇帝。但他却要当皇帝，结果遭到失败。

综上所述，人立志是最宝贵的。我们每个人都应根据自己的实际情况立志，并应为实现这一目标而奋斗。

# 2月1日

今天，刘仁意同学到我家来做客，闲谈中，他说出了他自己每天早晨坚持跑步的事，我听后很受感动。他还坚持每天写日记，全天学习各科知识，并且补习不好的科目，所有这些都使我感动。这倒使我想起了和他接触一年多来的变化。

他初中在一中，学习并非突出，后来升高中来到我们学校，从此，我们开始接触起来了。

第一学期，他在班级排了一次第六名，一次第九名，后一次排了第二名，他学习劲头特别高，他现在正是上升阶段。因此学习上进的心非常强，正如我上初中那时一样，整天忙于学习，连中午时间都用上了，结果成绩突飞猛进。现在我是处在停滞状态中，特别值得我注意的是，自满、好高骛远和杞人忧天。我应克服这三个弱点，像初中那样，拿出十分力气，把学习成绩切实抓起来。

# 2月5日

今天，我和父亲到车站去取货，第一次去，我自己走错了路。可回来后，我还埋怨父亲呢，第二次去才领回货物。领出货物后，由于箱子太重，自行车驮不了，我此时一点办法没有，总在那儿幻想这个，幻想那个，干着急没办法。结果还是父亲有工作经验，有办事能力，找了一个司机，用汽车把货物拉到家，卸在大道上。但从大道上怎样把箱子运到家里呢？我又想了个主意，准备借台小推车，把它推到家里，但借了很长时间也没借到。最后还是父亲想了个好办法，父亲让我拿一把铁锹来，放在箱子下面，我在前面拽锹，父亲在后面推，轻而易举地就把箱子运到了家。通过这件小事儿，使我感觉到，什么事情都是想着容易，做起来难。年青人表面上看精明强干，但做起事来一个不如一个，要做什么大的事情还是老人有经验，他们做的事比较把握，他们做事稳重，认真想，根据以往的经验来决定做这件事该怎样做。我应该向父亲学习，做事沉着，不能空想，想出切实可行的办法。

## 2 月 7 日

今天，我看了《家务清官》这部影片后，引起了一阵反响。特别是梁羽所说的"要想当将军，先要会当连长"，这句话，使我开始认识到，现在我做团支书工作是极其重要的。

人要想当将军，应先能当好连长。我今后要想当一个在社会科学上有所造就的人，就必须从小培养自己的工作能力，把一个班管理得井井有条，这就说明自己有能力管理一个班的人了，然后再管理多一些的人。

人都是活物，他们都有感情，有头脑，有思想。因此说要想当好干部，首先应当了解到自己的长处及短处，然后再了解与你接触的人的情格特点，并对有不同特点的人给予不同对待方法。比如对那些爱出风头的人，就应让他们干一些表面活，对那些爱财的人，就应让他们干一些钱多而不被人们注目的活，使各种人都对你的工作满意。做到知己知彼，因人施策，方能当好干部。另外对待自己的上司，应当迎合他们，而又要结交他们，多与他们来往，多学习他们的工作经验，然后再超过他们。

## 2 月 19 日

今天，看了《排球女将》的第 66 集后颇有感受。影片中的六名运动员在高度紧张之下，一个球也没打好，只有小鹿能百发百中，这说明小鹿的功夫已经到了炉火纯青的程度。特别是小鹿说的"只有平时百发百中，到真正比赛中才能发挥好技术。"对我启发很大。我看我们的考高等院校不是和这个相同吗？高考时不一定考什么，考生还紧张，在这样的条件下，要想考好就必须平时学扎实了，做到顺手就能写出来，特别是语文、外语，要掌握得滚瓜烂熟、准确可靠。说起来容易做起来难，要做到这些实在难，但只要有毅力有信心，就一定能做到。待到高三时再把地理、历史、政治背得熟又熟，争取做到会背、会写、会组织、会归纳。掌握得熟后再熟，能在高度紧张的情况下答出好卷子来。

## 2 月 21 日

今天，我看了电视剧"凤求凰"后有所感受。

我认为音乐可以陶冶人们的性格，强以使性情粗暴、急躁的人变得温柔，可以使受挫折的人摆脱痛苦，重新振作起来。一个有所作为的人总应该懂得音乐，即使不懂也应当多听听，使自己做事情做到沉着、冷静。

可见，音乐是多么好的呀！剧中的蔺相如是被后人传颂的德才兼备的人，他博学多才，不仅学得多，而且还对音乐有所造诣。他潇洒而又傲慢。这正是他的独到之处。在那些小人物面前也要显得和蔼一些，在大庭广众，人才聚集的地方也应谦虚一点，使人们对你都较尊敬，现在与蔺相如所在的时期不同，现在应该团结更多的人。

至于蔺相如谈情说爱这段故事，我们可以看出，寻找伴侣时一定要找志同道合的人，使两人在以后的工作中有共同语言，共同事业。但根据现在情况看，首先应找那些品质好的人。她们可以在今后的工作中以实际行动帮助你。

## 2 月 22 日

今天，看了《生活之路》第一集后，使我看到了一些知识分子的狭隘思想，剧中的男主角的思想就太狭隘了。

一个人再忘恩负义也不能忘记自己的母亲和父亲。父母的养育恩情，做子女的终生也报答不完。但应该尽自己的最大努力来孝敬父母。而剧中的男主角却嫌弃母亲，要把母亲赶出去，这样的做法简直让人难以忍受。一个人在世上最亲近的人莫过于父母，做子女的应把孝敬老人当作第一件大事来抓，如果自己的利益与父母的利益冲突时，应先满足父母的利益，然后才应该想到自己。俗话说："儿不嫌母丑，狗不嫌家贫。"无论自己的父母有何过错，儿女总应该替父母纠正错误，而不应采取其他方法。对于我来说更应该孝敬父母，因为我有更特殊的情况，怎样孝敬呢？我现在好好学习，将来考上大学，不让父母操心，这就是我现在报效父母应该做的。等到自己参加工作后一定要把父母接到自己那儿，或者给父母寄钱，如果有可能的话应把父母送到疗养院去，让父母补养身体。作为一个男子汉大丈夫，一定要心胸宽广，把眼光放远一点儿，不应该斤斤计较。

## 2 月 23 日

今天，我九点半才起来，吃完饭就十点多了，到学校整理一下图书，再玩一会儿，吃完晚饭（二顿饭）天就黑了。由此，我们可以看到，早晨起来得晚把明媚的早晨都消失在自己的睡眠中，给一天的学习和工作都造成很大的影响。

通过这一天的经过，我想到人的一生不也像这一天一样吗？青年时代就好像早晨一样。如果一天中，把早晨的时间全部利用上，那么一天中就能做出很多事情。人生也是这样，如果一个人把自己的青年时代碌碌无为地混过去，那么他在中年或老年时代无论怎样学习和工作，都会感到自己较别人有一种不足和缺陷。反过来，一个人如果把自己的青春年华全部用在学习上，那么他就会较前一种人有很多的学问和长处，在以后的工作中只要继续努力，就一定能够得心应手，取得较大的成就。毛主席把青年人比作早晨七、八点钟的太阳，指出人的一生关键在于青年时代。青年时代是人精力最旺盛的时代，是人长身体、长知识的时代，这一时期养成个什么习惯，就会形成什么样的工作方法，这一时期决定着人的一生的事业成败。因此，我们每个青年学生都应该珍惜我们的青春年华，发扬"只争朝夕"的精神，把知识学得扎扎实实，为将来奠定一个基础。

中学决定一生

## 2 月 24 日

今天，我和张群、韩宝利谈论了一下午，我们想起什么谈论什么，时间伴随着我们飞快地流逝，一转眼，天已经黑了，我们不约而同地想到了同一个问题，异口同声地说："咦，时间过得真快啊！"是啊，光阴如箭催人老，日月如梭长少年，不是这样吗？我们不是已经渡过了九年半多了吗？想一想我们学习到什么知识了，掌握了多少呢？仔细一想，我什么也没学到手，要学到手还应当努力学习，抓紧分秒时间，有时间就要学习，不要只会抓紧整块时间而不抓零碎时间。时间多以零零碎碎的形式存在，我们要利用好时间，应该从点滴做起，加强对时间的利用率，把时间抓得紧紧的。比如饭后、睡前，小的节假日等时间都可利用起来，背背单词、背背地理、历史等知识都可以，做数学题要用整时间。因科目而异，随时随地的灵活运用时间。

## 2 月 28 日

今天，水校长给我们讲了学习的方法，他说：学习要有远大的目标，有正确的目的。他还说青少年时代应该抓紧时间学习，过了时候再想学就晚了。他给我们举了两个印度狼孩的事。我们听后深有感触。我们想，现在自己的年龄已经够青年的年龄了，但我们的智力开发得还很浅，我们现在对问题的分析能力和解决能力还很差。比如说对于解答习题，我们根本不懂思维方法，更不会综合、归纳的方法。因此，我认为现在我们学习的重点还是加强基础和提高能力上。因此，我们做题应先分析，后解题，使自己的思路清晰。最后还要总结、归纳一下自己解题的方法。以此下去，坚持经常，定能提高自己的能力的。

## 第三篇：中学日记摘录

### 3 月 8 日

今天，读了冯玉祥将军给他的女婿写的一段文字。其内容有"把日记当作性命根本学问，要忠实地把所见所闻的有关系的事记出。"这句话，我认为对我很有用。我已经好几天没有写日记了，因为自己到晚上就困，而自己又总是原谅自己，因此多日没记了。其实记日记还是有很多好处的。首先，记日记可以把自己某一时期的思想状态原原本本地记载下来，使自己在以后的工作中，能够找一找自己过去的成功经验，以促进以后工作，为以后工作积累了一定的材料。其次，记日记可以提高自己的写作水平。现在，我们最大的弱点就是说话不通顺，语法毛病多。如果我们天天记日记，那么写出的文字就不会永远不提高的。

总之，记日记很好，我要像冯玉祥所说的那样，忠实地把所见所闻的有关系的事记出。

### 4 月 3 日

今天，我看了日本电视连续剧《排球女将》的二十三到二十五集后感想很大。电视剧中的美子所说的"自暴自弃就是彻底失败"，对我感触最大。一个人生活在世界上就要进行竞争，每个人都应该充分相信自己，相信自己一定能在竞争中取胜，只有这样，才能有前进的动力，才能以顽强的毅力坚持下去。剧中的小鹿和另一名运动员为了争第一名，不顾一切地锻炼，那名队员带着铅坠登上几百阶的阶梯，而且跑上跑下，练个不停。她们都为了争第一，在全国范围内争第一并不容易，但她们都想到自己能争上第一名，她们都有信心，只有有信心，才有可能争冠军。

现在我们黑龙江省的高才生有的是，我虽然不是高才生，但我应该像小鹿那样，有足够的信心和勇气，有坚忍不拔的毅力，争取在省里达到出人头地的程度。要做到这样，就得像小鹿把全部精力都用在排球上一样，用自己的全部精力努力地学习，争取达到好学不倦、废寝忘食的程度。

## 4月10日

放长线，钓大鱼。

《排球女将》第三十集中的成香排球队在和白富士高中队的联赛中，用了放长线，钓大鱼的计策战胜了白富士他。成香队在第一局中以0:15输给了白富士队，便后两局他们把队长调上场，全体队员齐心合力振奋精神，结果战胜了白富士队。

我由此想到了我的学习也应该放长线钓大鱼。地理、历史、政治这三科在高考前半年多开始全面复习就能够取得好成绩，现在不应过早地去复习这些科目。对于语文、数学、外语这三科难度较大的学科应该尽早重视。现在把这三科成绩提高到九十分以上。只有这样"放长线"，将来在高考中才能"钓大鱼"。

专心致志，定能取胜。

《排球女将》第二十八集中的一个故事情节对我启发很大。一名运动员去相亲，她看中了那个男子，但相亲又被她的朋友们搅乱，结果她很痛苦，于是在参加比赛的时候她精力分散，球没有打好，给整个队带来损失。这说明做什么事情都要专心致志，不要分散精力。在学习上也要集中精力。上课时不要因自己感情上的任何情绪而变动，课堂上要集中百分之千的精力去注意听讲。考试时也集中精力，保持精神稳定。特别是考试的前一天，要好好睡觉不能因兴奋而紧张而失眠。只有这样，考试时才能发挥最好的成绩。

要有不拿冠军不罢休的上进心。

《排球女将》第三十集中，白富士高中女子排球队取得全国高中排球联赛的亚军，可她们没有一个人高兴，反而都痛哭流涕，她们都想争当冠军。这种上进心很值得我学习，我在班级上即使考第一，也不能满足，如果满足就会退步。比如期中考试考第一，结果就满足了，最后期末考试退到第四。今后，我可不能再出现这种情况了，我要树立远大的奋斗目标，要尽最大努力，彻头彻尾地去奋斗。

# 5 月 8 日

期中考试已经结束，但我的心仍然收不回来。考试前，我不复习，总说等考完试进行全面的复习。考试时，我也不复习，总说学习应该平时积累，不应该考试时现突击。这句话本来是对的，但我平时并未进行过很系统地复习呀！考完试后，我数学成绩较好，因此，也就放松学习，甚至坐不住板凳了。我总是这样：有成绩时看不到不足；而受到一点挫折时，就看不到有利条件，这正是违反了唯物辩证法的矛盾观点，因而是错误的。正因为我有这种错误的思想，所以，我总是喜怒无常，刚看到自己的一点缺点，马上就失望，叹息，而取得一点成绩就忘乎所以了。

所有这些都是错误的。应该用矛盾的观点来分析问题，做到：胜不骄，败不馁。只有这样才能学习好。

这次考试，我虽然取得了较好的成绩，但我还有很多不足之处。

首先，这次考试有很多是老师讲了的题在考试中出现了。如果老师不讲，我不一定能取得已取得的那些成绩。历史考试中的填图题，有个同学问老师三次，我在一旁，都听见了，因此在考试时，这道题我得了 7 分。还有地理考卷中的最后一道题，如果老师不讲，同学不问我，那么，我就不能答好这道题。这些说明，我平时掌握得不好，复习时不仔细，不全面。

其次，我还有不好的学科。

语文是我最差的学科。原来我觉得自己基础知识掌握得比较好，但通过这次考试，我清楚地看到，我的基础知识掌握得一点也不好。现在如果不努力，恐怕到高考时，语文还会影响到其它科的成绩。现在要补语文，就应该从身旁的每一个小地方着眼，加强基础训练，与此同时加强作文训练。


## 5 月 20 日

学习是我的中心任务，我应该把全部精力都投入到学习中来。只要学习好了，其它方面的问题也就好解决了。但是，锻炼身体也不能忽视。因为身体好了，精力充沛，对学习有一定的促进作用。如果身体不好，就会影响到学习。因此，我们每个学生都要学会正确解决问题的方法，即要解决好主要矛盾——学习，又要解决好次要矛盾——锻炼身体，二者兼顾。但还要以学习为主。只有这样才能解决好学习和锻炼的矛盾，从而达到学习好的目的。


## 5 月 24 日

这次考生字，我本来能得四十多分，但由于我太草率，只得了三十五点五分。我仔细回想了一下，当时，老师发下卷来，我看了一眼，题很难，于是我就草草地写了几个字，很慌张，有些会的字也忘了。结果我成了班级后几名之一。由此，我可得出结论：做什么事情都要头脑冷静，深思熟虑，细心地做，不能一时头脑发热，而误了大事。

## 5月27日

学了辩证法关于前进性和曲折性统一的原理后，我对学习有了更深刻的认识。

辩证法告诉我们，任何一件新事物都要经过曲折的道路，经过艰苦的斗争，才能最终取得胜利的。

学习就是一件新生事物，刚刚学的时候，由于不习惯，也就是头脑中的旧概念还没有清除。我们学习新东西就很困难。但我们要充分相信新生事物的不可战胜，要有信心，满腔热忱地去学习新知识。在自己的头脑中要时刻想着道路是曲折的。因此在遇到困难的时候就不是灰心丧气，而是迎着困难上。

过去我学习遇到难题或考试分数稍低时，就怨天怨地，总认为自己智力差。通过学习辩证法的"前进性和曲折性统一"的原理，我的思想顿开茅塞。我充分认识到，学习是复杂的事，它与智力、基础、学习目的明确不明确等多方面的因素都有联系。因此学习并不是一帆风顺的，总是要经过迂回前进的。

只有懂得这个道理，并在实际工作、学习中具体运用它，相信新生事物是不可战胜的，同时准备走曲折的路，才能在学习和工作中少走弯路。

## 5 月 28 日

今天，上体育课时，老师给我们做了示范动作，动作比较难。但老师做完后，有个同学在一旁说了几遍"不难做，不难做。"我在那儿暗想，他想必是能准确地做出来。可是，事实正好相反，他做得很不好，比一般的同学都差。不仅上体育课这样，他学别的科目也是这样，他总说：文科的知识平时不用好好学，到考试前背一背就行，结果呢？他平时天天学习，非常用功，但考试成绩却很不好，为什么会这样呢？因为他总是高傲，把问题都看得太简单了。因此，他做事情总是没有充分的准备，掉以轻心的态度，做起事来一事无成。

## 5 月 30 日

我有时候总想，自己什么也不会怎么能应付得了高考呢？

今天，我看见一个同学正在背世界历史的题，我问他现在怎么就背呢？他说他总觉得自己掌握的东西太少，因此他拼命地背。我又问了几个同学，他们也都有同样的感觉，都认为自己心里没底。

我现在心里才踏实一点儿。不光我一个人心里没底，大伙都一样。因此，我现在开始加倍努力还不晚。只要我能保证锻炼身体，勤奋学习，学习成绩一定会提高的。

一个人每说一句话，每做一件事都要动脑筋。对不同的人说不同的话，说话时要考虑到这句话是否有损于对方和自己。对于小事应谦让，但对主要的事情一点也不能让。

对于为人处事方面的事，现在不该专门去考虑，应该是想起什么就分析点什么。但不该占用学习时间，学习时就要专心，千万不能分心。这是学习好的最基本的条件。

## 6月2日

做事情应该既全面，又要有重点。期中考试前我复习历史时，把每个重要的名词、年代，以及关键词语都背得很熟，费了很多时间，但得的分还不如以往考试得的分高。我仔细回想了过去的学习方法。把两种方法作了一下对比，我明白了这次考试得分低的原因了。过去我学历史抓主要的东西。因此得到的分数较高，但得不了物高的分数，而现在学习却抓细小的东西，全面抓，但主要东西没能重点抓。这就是"丢了西瓜捡芝麻"。这是错误的。过去的学习方法也不好。

最好的方法是既抓住主要的东西，又抓住那些次要的东西，同时对重要的东西应重点掌握。

## 7月26日

今天，我又学习不下去了，三分钟热血，没长性，既无坚韧不拔的毅力，也无废寝忘食的精神，因此说什么大事也做不成。今后我应该克服这个缺点。

比如说早晨跑步。我下了几次决心，调换了几种方式，结果都没有坚持下去，这说明我的"韧"性太差。干事情没长性。像我这样的人如果不克服这一缺点，将会一事无成。

再比如说学习。今天我又做错了几道数学题。刚刚考完试时，我还一再下决心认真学习，结果才几天就又马虎起来了。

总之，这个毛病应该及时克服，不然就会影响到学习、影响成才。

## 7 月 27 日

今天，我和重读班的一个同学谈论了很久，他主要给我讲了以下几个问题：1. 跟住老师，听老师的话。即使很疲劳了，也应该完成老师布置的任务。2. 抓基础知识，啃教材。把教材弄熟。3. 不偏科，把学的六科全学扎实。4. 干什么要细心，完全彻底。弄通、弄懂、弄精。

## 7 月 31 日

今天，我看了电视剧《一代天骄》后，我很激动。

剧中的飞行员能够用自己的勤奋精神得到了真正的五分。他在人生地不熟的条件下，战胜了在天上飞了二千多小时的外国飞行上校，为国家争得了荣誉。原因何在呢？就在于一股钻劲，一股拼命精神。他开始的时候技术很差，基础也很差，但他能够以顽强的毅力，专心致志地研究技术。开始时，主要出自于好胜心，他要超过所有的人，他为了超过别人而发愤学习，努力工作。这种拼命精神，可以使人有惊人的毅力去发愤拼搏。连命都拼上去了，还怕别的吗？

总之，他的好胜精神和拼命精神很值得我学习。我在学习上一定要向他学习，争取考进北京的重点大学。

## 8月5日

取法乎上，仅得其中。

在学习上要树立远大的奋斗目标，才能学习好，并保持精力充沛。

古人说："取法乎上，仅得其中；取法乎中，仅得其下；取法乎下，仅得其零。"这句话给我们深刻地指出学习要向最好的东西学，而不要向不好的事物学。

同样，我们在学习上也要树立远大的奋斗目标，只有树立远大的奋斗目标，才能有巨大的前进动力。古往今来，任何一个在学业上取得成就的人，无一不是从小立志而后刻苦努力的。毛泽东同志从小立志救国，因此，他学习十分刻苦。靠自修，他学到了十分丰富的知识，没有人督促他，但他每天从早到晚在湖南省立图书馆里学习。他之所以有这样的精力和毅力，主要原因在于他立志努力学习，拯救国家危亡。

不立志是不会取得成绩的。我有一个邻居，他上高中时不想考大学，只想考个中专，因此他整天也不严格要求自己，最后高考他连技工学校也没考上。其实他并不笨，在初中时在班级中排前几名呢。他成绩下降就因为他没有树立远大目标，总想"混"个职业，结果学习成绩很差。

立志而没有实现者，人们大多向他投去敬佩的目光。

在学习上，要树立远大理想，并且有刻苦钻研的精神，学习成绩一定会很好的。他的志向也一定能实现。

## 8月6日

今天，我与梁雪峰邂逅相逢，谈笑间，我才知道他今年参加了选拔出国留学生的统考，不管他能不能考上，能否出国，都使我油然而生敬意。

他小学时学习就十分突出，据水淼所说，他当时就是全校里出类拔萃的了不起的人物。

中学时，他是学生会主席，学习在全年第一。

在全国统一考试前的预选考试中，他名列合江地区第一名。

在统考中，他考的成绩也很好，考入了吉林大学物理系。

他上中学时，整个生活都有规律，从不占用睡眠时间。他当时 9：00 至早 4：00 睡觉。

由此我可以看出，他取得成绩的一个重要原因是学习有计划性。

另外，他在中学时是校学生会主席，但学校工作从来不影响他学习，为什么呢？因为他有远大的奋斗目标。在他看来：工作可以随便地应付一下就可以了。因此，他精力不分散，一心学习，成绩提高很快。

由此可以看出，树立远大的奋斗目标是他取得成就的又一个原因。

再则，他跟我说他学习时就有一股"恒"劲。就是说要天天按计划学习，从不因自己懒惰而宽容自己。"三分钟热血"的青年是不会取得什么大的成就的。

但梁雪峰也有自己的缺点，他狂妄自大，说话直言不讳。不过缺点还是小的。

总之，他有很多成功经验值得我学习。因此，我要根据自己的情况，制订出计划。

睡眠安排在晚 11：00 至早 6：45。中午午睡 10 分钟。

我要考入北京大学。即使是不看电影，不看电视，我也要学习。

## 8 月 15 日

读了《毛泽东同志的青少年时期》这本书后，我深刻地感觉到：做人，特别是要做一个有所作为的人，就应该有一颗恒心，只有这样，才能做出一番大的事业。

毛泽东同志从小就有恒心，他努力学习，一丝不苟，作业不完，拉他不走。他做什么事情都干净彻底。正因为这样，他学到了一身真本领。他的语文水平、哲学水平、历史水平都是超群绝伦的。这些知识为他以后参加革命奠定了基础。

现在有很多人都没有恒心，特别是青年人，心血一来，立刻奋笔疾书，订下计划，但过几天就把这码事忘了，没有坚持到底的精神。

我在学习上就没有一股坚韧不拔的毅力。前几天，我订了一个学习计划，是仿照一些名人作息时间，并且参照科学资料订出来的。如果按照这个计划学习半年，那么我的学习成绩就会提高到一个极高的水平。但是，按照这个计划学习，是要付出艰辛劳动的。盛夏的时候，不能贪睡；严寒酷暑天气也得坚持到夜间十一点钟。我开始几天坚持住了，但后来就坚持不下去了，结果学习成绩忽高忽低。

总之，学习要持之以恒，彻头彻尾。只有这样才能把学习学好。我们应该时刻克制自己的懒惰，坚持到底就是胜利。每个人都能这样的话，那么，我们的文化水平就会提高一步，国家的发展速度就会大大加快。

## 8 月 24 日

今天下午我和几位同学谈论高考问题。我说出了我要考北京大学。那么，既然说了就应该努力去做，去拼搏，拿出全部精力。在这期间，我可以不看电影，可以不买衣服穿，甚至到了被别人看作傻子的程度才好。学贵专心，这是古往今来的治学格言。今年我们学校和其它学校的重读生考试成绩不佳的主要原因就是他们学习不专心，整天到学校不干正经事儿。我应该把他们失败当做一面镜子，不断地提醒自己，使自己学习态度时刻得到端正。

## 8 月 27 日

读了一九八三年高考优秀作文《做一个锲而不舍的掘井人》后，感想很多。文章为我们揭示了一个很深刻的道理：做事情要彻头彻尾，锲而不舍。

远在战国时期，伟大的思想家荀况就为我们阐明了锲而不舍的重大意义。但对它的理解各人都不相同。我开始的时候对它认识就很不够。我学世界历史，当天学完后，看一遍就放下了。总也舍不得时间把它弄精通。因此到现在我已经看几遍，但总是含糊不清，费了很多时间还是没有把它弄通。当时我以为是我的脑袋笨，可今天通过读这篇文章，我的思想豁然开通。现在我明白了，学知识应该当天把它学扎实，学得极其精通，然后就能达到事半功倍的程度。

从即日起，我应做到上课以前先预习，课堂上集中精力理解它，课后用大气力消化它。只要能坚持住这样，坚持到底，就一定能胜利。

第三篇：中学日记摘录

## 9月3日

论"谈话"。

一个人活在世界上总免不了要谈话，可是有些人说出话来总遭人烦。为什么呢？因为他们不懂说话的分寸。我认为一个人应该善于言辞而又适当地说，不该夸夸其谈。

说话太多，使人对你产生讨厌的情绪，降低你的威信。我在学校总好说，什么都说，这样做，即影响学习，又影响自己的威信。同学们经常挖苦我说"大讲演家"等等。这是因为我能说吗？不是，是因为我说一件事总是没完没了，反过来调过去，总是那些话，没有分寸，掌握不住量。

有些同学总也不随便说话，天天总看书，但学习成绩并不高。这说明：不经常言谈，表达能力不好，同时智力也受到一定的影响。

俗话说："好人出在嘴，好马出在腿。"这就是说，一个人应该能言善辩，但说话要经过考虑再三推敲。人们无论做什么事，最后都要表达出来。语言表达是主要的。因此，我们应该锻炼自己的表达能力。

要提高表达能力，善于言辞就要平时多做些有目的的小型演讲，几个同学在一起讲。但决不能谈论政治大事。

只要能够这样地坚持经常做，表达能力是一定能提高的。他的前途将是无量的。

## 9月5日

今天，我学习了"认识的无限发展"这一哲学问题后，我受到很大教育。这一哲学原理告诉我们，认识是反复不断的。

人们要想得到一个正确的认识并不是轻而易举的，而是要付出艰辛劳动，经过多次的失败和挫折，最后才能正确地掌握住这一问题。因此，在学习上，每一次学完新课要好好复习，每一次小考后，把考题全部弄精通，使自己在一次次的失败中总结教训，掌握住知识，使知识学得透彻，扎实。

另外，认识具有无限性，因此，取得一点成绩就骄傲自满是毫无根据的。

再次，认识具有上升性，学一次总会比前一次强（只要你是全神贯注地，认真地学），有时在特殊情况下可能因为主观方法上有错误或由于客观条件不好，成绩会出现下降，但不要气馁，要记住只要努力学习，敢于实践，认识的总趋势是上升的。只要天天坚持学习，成绩是一定能提高的。

## 9 月 8 日

今天，我校组织了数学竞赛。试题我都会做，但由于自己在做题时，看到题简单就粗心大意，结果使最后一道题白白地错了。倒数第三题也做错了。

通过这次考试，我的毛病、缺点又都无遗地暴露了出来。我心浮，干什么毛草，取得点成绩就满足，不彻底。这些缺点我以为克服了呢，今天经过考试，我才看到，自己的缺点不但没克服而且更严重了。考试开始时还一步一步慢慢做，但后来就极快地草草写完，结果漏洞百出。

我现在还发现，我答各科目的卷子速度都极快，因此，答得质量很差。今后，我要慎重答卷，谨小慎微。

## 9月9日

今天，我家盖房子，我要帮家里干活，但父母却不让我干。我看着父母整天劳累的样子真想帮他们干点活。但是，我不能这样做，因为父母之所以不让我干活，就是为了让我好好学习，将来成为一个对国家有用的人，现在我如果放弃学业帮助父母干活，就正是违背了父母的意愿。可怜天下父母心，父母为了子女的前途学业，费尽了苦心，我怎么能不心里难受呢？但是为了不使父母失望，不辜负父母对我的一片期望，发扬头悬梁，锥刺股的精神，为成为对国家有用的人而努力学习。

## 9月15日

今天，老师给我们讲了地理课的学习方法。教师说：先看书，再看图，然后放下书本只看图，用图来把书上的内容全部消化，最后，把书本和地图全部撤去，在头脑里出现一个图，然后再把书上内容全部说出来。这种方法很好，但就是特别费时间，非有二、三个小时复习地理不可。因此，我学地理时要重点读书，读图，读得滚瓜烂熟。

今天，语文老师让我们默写古文，虽然很简单，但我写错了好几个字，例如"多歧路"的"歧"，我写作"岐"。还有很多类似的情况。为什么会出现这些不该出现的错误呢？因为我做事太粗，不细，同时还是浮躁。我自己练习时默写了几遍，检验的时候马虎大意，走马观花地看了一遍，结果几个错字都没检察出来。这正像浅尝则止的"挖井人"一样，事倍功半，用了不少劲，结果效果仍然不好。因此，从今往后，我要不追求形式而追求内容。学习时细、准、全、通地学习，长期坚持一定会有大的收益的。

## 9月18日

天才就是毅力。

——这是法国博物学家布丰的一句名言。

有的人一生某一领域内有所造就，而更大多数的人则是没有什么造就，原因何在呢？我想主要是因为这些人用心浮躁不专一的原故。我前一时期学写钢笔字帖，写几天就不愿意写了。后来，有位同学让我学毛笔字，我就买了毛笔、墨汁等，结果学了几天之后，觉得自己笨，又没有坚持下去，结果我写的字还不如一个小学生。由此我们可以看出，没有顽强的毅力，就一事无成，不会有什么造诣的。

一个人如果能有坚强的毅力，那么他即使天资差一些也可取得很大的成就。英国著名科学家达尔文小时候被大人认为"没出息""天生笨"，但他本人勤奋努力，顶住冷嘲热讽坚持学习，经过半生的努力，终于写出了《生物进化论》这部震惊世界的生物学著作。他成为举世瞩目的大科学家。如果他小时候就认为自己笨而停止学习，那么他是不会成就这样一番大事业的。正是因为他有坚忍不拔的毅力，所以才由一个低于一般孩子的笨拙人而变成极有学问的人。

有毅力指的是做事要完全彻底，一道题没解决决不能放弃不解。做各种作业都该这样。当日课程当日消化、理解完，决不能把今天的功课推到明天。

## 第三篇：中学日记摘录

### 9 月 21 日

我现在在学习上还存在很严重的粗枝大叶的毛病，这个毛病是极其有害的。像现在学的政治，本来我可以在这次小考中得近 90 分，但自己在复习的时候，毛毛草草，看几眼后，明白了大概意思，即刻就自满了，以为自己考试有把握了，结果有七、八个人比我得的分数多，这使我极为恼火，不是因为他们得分多，我羡慕，而是因为我上课理解得较好，再加上课前预习，这样看来，考分应该比他的多得多，但实际上却比他们少，原因何在？用心躁也！

### 9 月 24 日

今天，我们班级包场看了《张衡》这部电影。看完后，我受到很大鼓舞。张衡学习勤奋钻研技术，精益求精。终生坚持不懈地学习工作，终于取得了极其大的成绩。在天文上，他制造了"浑天仪"和"侯风地动仪"，在文学上他写出了名扬天下的《二京赋》。这部电影通过张衡取得成就的经过的描述，告诉我们，要想取得成绩，必须把全部精力都用上，并且坚持不懈地努力。

古往今来，任何一个取得成绩的人无一不是用尽全部精力得来的。不用说远的，就拿我在班级里考第一名来说吧。我每天课前预习，上课注意听讲，课后认真复习，每天坚持学习十四个小时，很少看电影或者做些游艺活动。经过这样的努力，我才在学习上取得一点成绩。我虽没做出什么成就，但要取得成绩必须勤奋努力的道理，在我学习上也是略见一斑。

我有一个朋友，他天资极好，反应灵敏，记忆力好，记东西记得又快又扎实。但他就是不好好学习，学习的时候总要小聪明，不用心学习，精力不集中到学习上，平时考试时成绩还在班里是中等，但到高考时却差10多分考上大学，结果他没上去大学。这说明，不把精力全部用在事业上，就一事无成。

我们班上有个同学，学习总是三分钟热血，不能持久。天天下决心，结果是墨迹未干，就管不住自己了，结果这个同学虽然父母都是讲师，家庭条件优越，但学习成绩总是提高不上来，每次考试都是后几名，这就告诉我们，没有毅力，不能坚持不懈的人，也不会有所作为的。

总之，通过看《张衡》这部电影，我认识到要专心致志，坚持不懈地努力，才能在事业上取得一定的成就。我希望每个人学习或工作都要全神贯注，步步为营，脚踏实地。如果大家都这样做，那么，我国的发明创造将层出不穷，科学将会向前发展得更快。


## 10月3日

现在已经是晚七点十四分了。我坐在寒风嗖嗖的教室里，耳边还有我班的一个同学叫困的声音。说实在的，我也很冻脚，也很疲劳，很想走。但一想到学习，特别是一想到美好的未来，我就周身热血沸腾，寒冷和疲劳全抛到九霄云外去吧！

一个人要想有所造就，关键应该赶上时代的潮流。目前，全国上下都在注重科学文化知识，谁有知识，大家就佩服他，就能给他重要工作干。那么这个人就会有更多的为人民服务的机会。我要想将来成就一番事业，就必须受尽寒窗十五年苦，努力学习。

人生的道路极其坎坷，做任何事情都会遇到困难。怎样对待学习和工作中的困难呢？我认为，要用顽强的毅力去拼搏，去奋斗，扫除前进路上的一切障碍，争取到最大的成功。

## 11 月 30 日

最近几天，我心情一直很不好，因为团委的工作压得我喘不过气来，我真不明白，为什么还要天天忙这些呢？如果把这些时间全用在学习上，那么，我的学习成绩不就会提高到一个可喜的高度吗？从明天起，我干工作一定要注意少占用时间，把时间全部用在学习上。学贵专心，如果一个人整天忙这个忙那个，那么他的学习成绩是不会好的。另外，由于我未能充分地，合理地利用好时间，所以我的数学成绩很不理想，语文方面，作文会做，但得不了高分。古文没有阅读能力，也只能得三十分左右，现代文就更差了，分析能力不强，同时成语、生字掌握得也极少，因此，现代汉语也得不了高分。因此语文要过九十分很难呐！所以，现在我必须在数学上大下功夫，把数学成绩提高到 110 分。地理、历史、政治再加把劲，争取都过85 分。外语争取得 95 分左右。要做到这些很不容易，需要付出艰辛的劳动，勤奋吧！

## 1984 年 2 月 8 日

现在是深夜十一点四十分，我正坐在厨房的椅子上学习，此时此刻，我的心还是无法平静，一想到七月份就高考了，我就浑身是劲，恨不得一下都使出来。

## 5月6日

此时正值下午三点十分，我坐在教室里写日记，因外面天气很热，我看书也看不进去，因此写这篇日记。离高考还有两个月了。有人说："现在什么样就什么样了，越往后天气越热，就越学不好。"我对这话表示怀疑。首先，还有两个月呢，还可利用一个半月。在这一个半月里最起码能把各科知识复习一遍。这一遍还能把分数提高10分左右。因此必须抓紧。其次，编筐编篓全在收口，往日用功苦读，若今日不加紧复习，恐怕就会功亏一篑，功败垂成。因此说，这一阶段是十分重要的。我一定要拿出全部力量，干净彻底地把学习上的一切死角清除掉。

## 5月13日

现在是中午12：30，我正坐在四丰山的右山峰上，耳边还有人喊"这座山真像一头骆驼！"假如这座山像骆驼，那么我们就是骑在骆驼背上，真是乐趣无穷。偶尔从东南方传来微微鸡鸣唤起我无限的联想。想起王安石的《游褒禅山记》中的"险以远，而至者又加少矣！"的句子来，人生就是这样。比如说高考，要想得到高分，就必须进行拼搏，只有敢拼命的人才能达到高峰，就像我现在所在的这高峰一样。此时风正疾，吹在脸上，使人心旷神怡。来人了，来了一大群，我不得不停笔。一会儿再续。

今天离高考还有不到两个月的时间，大家都在复习，我却来登山，想一想都是人生的幸福。

## 8 月 15 日

今天，我接到了北京大学的录取通知书。从即日起我就成了一名大学生了。大学的生活对于我来说是多么的陌生啊！北京的名字对我来说是多么的美好啊！我是多么的向往北京的大学生活啊！但此时此刻，我的心中不觉又开起了一股眷恋之情：我就要离开了亲爱的爹爹、亲爱的妈妈，离开哥哥、姐姐们，离开与我朝夕相处的老师、同学们，离开我熟悉的一切。一想到这些，我就有一种说不出的滋味。